はじめに

子どもと夏の遊びの視点から

子どもは「水」を見た瞬間、思わず触れたくなり、五感をフル活用して遊びます。特に、水慣れが進んでいる幼児クラスでは、プール遊びに取り組むことでより一層友達との関わりが深まり、協同性が育まれます。また、「先生見てて！」と「自分ができることを認めてほしい」気持ちが満たされるように、子どもが自由に遊び、チャレンジできる時間をつくりましょう。プール遊びは子どもの気持ちが大きく動く取り組みであり、その経験が子どもの育ってほしい姿へとつながります。本書では、プール遊び以外にも水・どろんこ・感覚・雨の日遊びなど、各年齢の初夏から夏にかけて取り組める遊びが載っています。子どもの心が動き、夢中度が上がるような楽しい保育ができるよう、お力添えできるとうれしいです！

小倉和人先生

環境を考える視点から

夏は「暑い」の一言につきます。炎天下に長時間いると、熱中症や紫外線の影響が気になります。日陰をつくったり、水や氷、風など「涼しい」「冷たい」と感じられるものを取り入れたり、遊びの準備を丁寧にしておいたりすることで、夢中になって遊ぶ時間を確保することができます。それには、「やってみようかな」「おもしろそう」という環境を整えておくことが重要です。更に、「不思議だな」「またやりたいな」と子ども一人ひとりが、繰り返し遊べる環境、試せる環境にしておくこともポイントです。子どもたちの姿をよく観察し、遊びの展開を考えて、環境を整えていきましょう。

中重直俊先生

特長 1 発達に沿った遊びで子どもの育ちにつながる！

どの遊びも子どもの発達を踏まえて考えられているので、子どもが楽しみながら育つ要素がギュッと詰まっています。

あそびのPoint

遊びの楽しいポイントや、子どものどのような育ちにつながるのかを示します。

もっと夢中になる！ 広がる！

子どもが更に夢中になって楽しめる遊びの展開を紹介します。

特長 2 遊びの環境づくりが分かる！

子どもが夢中になって遊べるように、保育者はどのような環境づくりをすれば良いのかが一目で分かります。

特長 3 取り組みやすい遊びがいっぱい！

簡単に始められたり、身近にある物を使うだけで更に楽しくなったりと、すぐに取り入れたくなる遊びがいっぱいです。

ここから始めてみよう♪ プチシリーズ

それぞれの遊びを始める前に、とっても簡単にできる導入の遊びを紹介します。まずはここから始めて、子どもの心をギュッとつかんで遊びにつなげましょう！

5歳児の なるほど水実験室

水を使ってすぐにできる不思議な実験を各章の終わりで紹介しています。子どもの「どうして？」「こうしてみたら？」といった科学への芽生えが発展するように育てていきましょう。

他にも役立つ内容盛りだくさん♪

P.34〜35 水慣れが進む♪ プールあそびの流れ

P.82〜83 年齢別どろだんご広場

P.66〜67 発達に合わせた道具の使い方

Contents

- 2 はじめに
- 3 本書の特長と見方

第1章 水あそび (7)

- 8 ここから始めてみよう♪ 水あそびプチシリーズ

ページ	タイトル	対象
10	うねうねボトル	0・1歳児
	ポヨヨン水ふうせん	0・1歳児
11	ポニョポニョ人形	1歳児
	とうめいテント	1歳児
12	ギリギリ！　きり鬼さん	1歳児
	すくってジャージャー水たまり	1・2歳児
13	わぁ〜っ、できたー！	1・2歳児
14	おみずポチャポチャ	1・2歳児
15	水うなぎ、つかまえた！	2歳児
	ぐにゃぐにゃおさかな	2歳児
16	シャバシャバ シャワシャワシャワ〜	2歳児
17	ジャ〜ッ　でた〜！	2歳児
18	洗濯ごっこ	2歳児
19	水風船運搬レース	3歳児
20	水のおまつり屋台ごっこ	2・3歳児
22	ぐるぐるスライダー	2〜5歳児
	買い物袋で水運び	3〜5歳児
23	水の通り道	3〜5歳児
24	♪しゃわわわソラシド	3〜5歳児
25	あっちこっちあわぶく	4歳児
	ふみふみシャワー	4・5歳児
26	流しそうめんごっこ	4・5歳児
27	水かけズルン！	4・5歳児
28	すくってポイ！	4・5歳児
	いいの？　ほんとにいいの！？	4・5歳児
29	シャワシャワハイハイ	4・5歳児
30	力持ちのおふね	4・5歳児
31	プチプチ水すくい	5歳児
32	5歳児の なるほど水実験室 〜取れないピンポン球〜	

第2章 プールあそび (33)

- 34 水慣れが進む♪ プールあそびの流れ
- 36 ここから始めてみよう♪ プールあそびプチシリーズ

ページ	タイトル	対象
38	ひざド〜ン!!	0歳児
39	トントンたまご	0・1歳児
40	ぷかぷかじゅうたん	1・2歳児
	プチプチリング遊び	1・2歳児
41	ふしぎなふくろ	1・2歳児
42	プカプカ色さがし	2歳児
43	風船ポシャン	2歳児
44	おんせんごっこ	2歳児
45	プールで忍者	2歳児
46	どんな音？	2・3歳児

47	ぱしゃぱしゃ・ドボン！		3歳児
48	スポンジのせのせゲーム		3歳児
49	ボールをつかんでカゴにイン！		3歳児
50	プールでまねっこ遊び		3歳児
51	ボトルゲットゲーム		3・4歳児
52	うごうごトンネル		3・4歳児
53	オットト！　水はこび！！		3・4歳児
	ロケット発射！		4歳児
54	フープトンネル　足トンネル		4歳児
55	なべなべあそび		4歳児
56	ロンドン橋くぐろう		4歳児
57	お宝探して大競争		4・5歳児
58	プールでかるた		4・5歳児
	ワニ歩きタッチ		4・5歳児
59	プチプチシートの巨大生物		4・5歳児
60	立って座って波起こし		4・5歳児
61	クラゲなげなげ		5歳児
62	なみひげ		5歳児
63	もぐりっちょ・またぎっちょ		5歳児
64	5歳児の　なるほど水実験室 〜ぐるぐるボトルの渦巻き〜		

65　第3章　どろんこあそび

- 66　発達に合わせた道具の使い方
- 68　ここから始めてみよう♪　どろんこあそびプチシリーズ

70	さらすなタップン・トップン		0・1歳児
	プリン de おもちゃ		2・3歳児
71	砂場の川にポチョン！		1歳児・異年齢児
72	すなすなペッタン		2歳児
73	ボディ泥ンティング		3歳児
	ぎゅっと どろろんてん		3歳児
74	砂山から水がじわ〜っと！		3〜5歳児
75	どろんこ作品展		3歳児
	どろんこシマシマ		4・5歳児
76	サラサラさら砂 調査隊		4・5歳児
77	どろんこの中からみ〜つけた！		4・5歳児
78	どろんこ山ボチャ〜ン！		4・5歳児
79	ドロドロ、プシャー！　砂山火山		4・5歳児
80	どろんこレストラン		2〜5歳児
81	コロコロどろだんご		5歳児
82	年齢別　どろだんご広場		
84	5歳児の　なるほど水実験室 〜まか不思議ボトル〜		

85 第4章 感覚あそび

86 ここから始めてみよう♪　感覚あそびプチシリーズ

- 88 スポンジぐしゅっ！ 〔0歳児〕
- 89 ぷにょマット 〔0・1歳児〕
- タオルふみふみ 〔0・1歳児〕
- 90 どろんこてぶくろ 〔0・1歳児〕
- 91 スポンジじゅわ〜 〔1歳児〕
- ぷるるんカンテン 〔1歳児〕
- 92 カラフル絵の具をグィ〜ングィン！ 〔1歳児〕
- 93 ツルツルぴよ〜ん 〔0〜2歳児〕
- 94 シャカシャカポンポン 〔1・2歳児〕
- 95 ふくろ・袋で七変化！ 〔2歳児〕
- 96 ストローぎゅっぎゅっ 〔2歳児〕
- 96 ガチガチふわふわ片栗粉 〔2歳児〕
- 97 トイレットペーパー大変身！ 〔2歳児〕
- 98 シュシュッとカラフルティッシュ 〔3歳児〕
- 99 どんどん変わるKA・TA・CHI 〔3歳児〕
- 100 小麦粉粘土のクッキー屋さん 〔4歳児〕
- 101 色付きアワワ大作戦！ 〔3〜5歳児〕
- **102** 5歳児の なるほど水実験室 〜魔法のたらいに入れると…〜

103 第5章 雨の日あそび

104 ここから始めてみよう♪　雨の日あそびプチシリーズ

- 106 あめさん、こんにちは！ 〔0歳児〕
- フリフリ色水 〔1・2歳児〕
- 107 あまつぶポッちゃん 〔1・2歳児〕
- 雨の日シャボン玉 〔2・3歳児〕
- 108 新聞紙ビリビリてるてる坊主 〔2歳児〕
- 109 色いろハカセ 〔2・3歳児〕
- 110 あめさんシュシュシュッ 〔2・3歳児〕
- ぼくの・わたしの透明アンブレラ 〔3歳児〕
- 111 自然の色水あそび 〔3・4歳児〕
- 112 水たまりであめんぼ渡り 〔3・4歳児〕
- 113 水たまり長靴サーキット 〔3・4歳児〕
- 氷ホッケー 〔4・5歳児〕
- 114 雨の日ファッションショー 〔4・5歳児〕
- 115 これでぬれない☆マイかっぱ 〔4・5歳児〕
- 116 あまつぶ集め大作戦 〔4・5歳児〕
- 117 雨の日スペシャル探検隊 〔3〜5歳児〕
- 118 あめふりプチプチ 〔4・5歳児〕
- あまみずエコあそび 〔5歳児〕
- **119** 5歳児の なるほど水実験室 〜こぼれない水〜

第1章 水あそび

水あそびの魅力
子どもにとって「水」は、とても身近な保育教材でしょう。冷たい感覚や、水の流れや水紋などの水の現象は、子どもにとってとても不思議で興味深く、科学への芽生えや気付きなどにつながります。

幼児の育ちと配慮
子どもがどのように遊びたいのかを考慮し、必要な道具などを準備して、緻密かつ大胆に遊べるよう環境を整えましょう。

乳児の育ちと配慮
子どもが好奇心をくすぐられ、一人ひとりが夏の暑い時期に気持ち良く過ごせるように配慮しましょう。水に手を入れたり、水を感じたりする遊びに発展できればいいですね。

保育者間の連携 〜安心・安全のために〜
遊び終えたときの片付けは必要ですが、遊びの続きをするための配慮も大切です。「明日も水を流して遊ぶから、道具はそのままに」と声を掛け合うなど、次の日に子どもが意欲的に登園し活動に取り組めるようにしましょう。

水あそび プチシリーズ

ここから始めてみよう♪

最初の水慣れとして、簡単にできて子どもが水に興味・関心をもてる「プチ」水遊びを紹介します。

1・2歳児 あったか、つめた〜い！ペットボトル

お湯を入れたペットボトルと、冷たい水を入れたペットボトルを準備します。水の温度の違いを感じてみましょう。

2歳児 水のトンネル

ホースにシャワーヘッドを付け、子どもに直接掛からないようにシャワーを上向きにして水のトンネルをつくりましょう。雨のように落ちてくる水が心地良く、水慣れにピッタリの遊びです。

1〜3歳児 ガラスにペタッ！

切り抜いたお菓子の袋や、画用紙に絵を描いてラミネートした物、葉っぱなどを水でぬらし、窓などのガラスに貼ってみましょう。ペタッとくっ付く様子を不思議そうにまじまじと見つめる子どももいます。

5歳児 水ってどんな形？

「水ってどんな形なの？」子どもの素朴な疑問に答えるため、いろいろな水の様子を写真に撮ってみましょう。ホースから出た水、バケツからあふれた水など…印刷して保育室に貼って見てみると、子どもたちの気付きがあるかもしれません。

3歳児 水をうつそう

いろいろな大きさの透明コップや容器を準備して、水を入れたり移したりしてみましょう。細長い容器では満杯になったのに、大きなコップに移し替えると少しだけになった…など、おもしろい発見があります。

3・4歳児 ぶくぶくストロー

おけに入った水にストローの先を入れ、ストローに息を吹き込んでぶくぶくと泡立てます。水が泡立つ様子がおもしろく、繰り返し遊びます。

4・5歳児 水書道

白い手ぬぐいやガーゼ、また珪藻土（けいそうど）に水と筆で絵を描いてみましょう。布の場合、布の下にカラフルな下敷きや柄付きテーブルクロスを敷いておくと、下の柄が浮き出て楽しいです。また、水の量による濃淡や、乾きそうな部分のかすれ具合もおもしろいです。

水

0・1歳児 うねうねボトル
水中の毛糸が不思議な動き

準備物
- 極太毛糸（15cm）、ペットボトル（350ml）、ビニールテープ

〈作り方〉[うねうねボトル]
① 極太毛糸の端を一つ結びする。
② ペットボトルの中に水と毛糸を入れ、しっかりと蓋を閉めてビニールテープを巻く。

遊び方　毛糸の浮き沈みを見て遊ぶ
ペットボトルをひっくり返したり傾けたりして、中の毛糸の動きを見つめながら繰り返し遊びます。毛糸が大きく見えるなど、子どもの発見を受け止めて一緒に楽しみましょう。

おっきい、おっきい

あそびのPoint
ペットボトルと水の屈折で毛糸が大きく太く見え、不思議に感じたり、水に親しみをもったりします。

環境Check
他の物は何も入れず、水と毛糸のみを入れましょう。毛糸の動きに集中して遊びます。

もっと夢中になる！広がる！
毛糸に変化をもたせて
だんだんと遊びに慣れてきますが、決して飽きたということではなく、次の新しい不思議を見たい！ という気持ちの表れです。そこで、毛糸の種類や色を変えると、更に夢中になって遊びます。

0・1歳児 ポヨヨン水ふうせん
ポヨポヨした感触がおもしろい！

準備物
- 水風船（直径6〜7cm）、たらい
※水風船は、水を入れて膨らまし、少量の空気を入れる物、空気を入れない物を数個ずつ準備します。空気の量が多すぎるとすぐに浮かぶので、中の空気は1円玉ほどの大きさでOKです。

遊び方　水風船の重さを感じる
水を入れたたらいに水風船を入れます。水に浮かぶ物と沈んでいく物の違いを見たり、手を入れてつかんだりして遊びましょう。

すぐに浮くね　ポヨポヨ

環境Check
新しい物でも何度か遊んだ物でも、劣化すると風船が割れてしまいます。遊び始めのときに目視で確認しておくといいでしょう。

あそびのPoint
水風船をつかむことで、ポヨポヨとした感触や水風船の重さの違いを子どもながらに感じます。

もっと夢中になる！広がる！
プールの中に流れをつくって
ホースの水でプールの中に流れをつくってみましょう。ぐるぐる回る水風船の動きを目で追い、手を伸ばしてつかもうとします。子どもの運動発達に合わせて取り組みましょう。

1歳児 | 不思議な感覚が楽しい！
ポニョポニョ人形

準備物
- ゴム手袋（使い捨て手袋でもOK）

〈作り方〉
[ポニョポニョ人形]
ゴム手袋に水を入れて口を縛る。

遊び方　ポニョポニョの感覚を楽しむ

まずは十分に感覚を楽しみ、後から小さな穴をあけて、水を出して遊んでみましょう。

あそびのPoint
不思議な感覚を手で確かめようとします。穴をあけると、ピューっと水が出ることに驚き、興味をもちます。

環境Check
ポニョポニョ人形の感覚を十分に楽しめるように、ゆったりとした雰囲気をつくりましょう。

✦ もっと夢中になる！ 広がる！ ✦

感覚遊びにも
水の代わりに、片栗粉や小麦粉を入れてみましょう。水とは違う感覚になり、感覚遊びとして楽しめます。

1歳児 | お水の屋根だね～
とうめいテント

準備物
- 透明のビニールシート、ハトメパンチ、ひも、ホース

〈作り方〉
[とうめいテント]
ビニールシートの四隅をハトメパンチであけてひもを通して結ぶ。

遊び方　とうめいテントの下で、水の動きや音を見聞きして楽しむ

とうめいテントを張り、子どもはテントの下に入ります。保育者はホースでテントの外からテントの上に水をまき、子どもは水たまりを見たり水の音を聞いたりして楽しみます。

あそびのPoint
パチパチする水の音に耳を澄ませたり、水がテントの上で跳ねる様子やだんだんと水たまりになっていく様子をじっと見つめたりと、水の不思議を耳や目で感じます。

環境Check
水の様子が見えるように、テントは低めに張りましょう。

✦ もっと夢中になる！ 広がる！ ✦

カラフルなテントで
とうめいテントに油性フェルトペンでなぐり描きをしたり、カラーセロハンで模様を貼ったりすると、カラフルなテントを通して水の様子が見え、更に楽しいです。

水／プール／どろんこ／感覚／雨の日

水

1歳児 | シャワシャワー、キャッキャッ
ギリギリ！ きり鬼さん

準備物
- ホース、シャワーヘッド（シャワーヘッドがなければ霧吹きでもOK）
※ホースの先にシャワーヘッドを付けておきましょう。

遊び方　霧状の水から逃げる
保育者が子どもを追い掛けながら霧状の水を掛け、子どもは逃げます。水が顔に掛かるのが苦手な子どもには、水が掛からないギリギリの所まで近付いて水を掛けてみましょう。

あそびのPoint
子どもは、保育者とのギリギリのやり取りが楽しく、近付いたり離れたりして遊びます。自分から向かってくる子どももいるでしょう。

環境Check
水が平気な子どもには霧状の水を掛けて、水が苦手な子どもに楽しい雰囲気が伝わるようにしましょう。

もっと夢中になる！ 広がる！
たまーに、いたずら
水の勢いを霧状からストレートにするなど、怖がらせない程度に変化させてみましょう。いつもと違うシュッとした水の勢いにびっくりして盛り上がります。

1・2歳児 | 水が踊ってる〜！
すくってジャージャー水たまり

準備物
- バケツ、透明ポリ袋、ビニールテープ

〈作り方〉
バケツに透明ポリ袋をピンと張り、ビニールテープで留める。

遊び方　水が跳ねる様子を楽しむ
バケツに張ったポリ袋の上に水を掛けます。バケツをたたくと水が跳ねて、ちょっとした不思議を経験できるのが楽しいです。

環境Check
子ども二人につき1つのバケツがあれば十分に楽しめます。また、砂場の玩具用バケツや洗面器など、いろいろな種類の容器で作った物を準備して、子どもが存分に楽しめるように配慮しましょう。

あそびのPoint
バケツの種類や水の量などで、水の跳ね方が変わります。袋の表面を手でたたくと水がよく跳ねるのか、バケツの縁のほうが良いのかなど、子どもと一緒に保育者も楽しみながら遊んでみましょう。

もっと夢中になる！ 広がる！
ダイナミックに
子どもの「わっ！ すごい！」という思いの芽生えは、「やってみよう！」という気持ちに変化します。たらいや40ℓくらいの大きなバケツなどでダイナミックに遊んでみましょう。

1・2歳児

😊 おてて、ぺったんこ！

わぁ～っ、できたー！

準備物
- たらい、手形くっ付けポイント、空き容器（プリンカップ　など）

※手形くっ付けポイントは、日の当たる所や、板、ウッドデッキ、セメントの地面や壁など、水にぬれても乾きやすく、繰り返し手形を付けられる場所が良いです。

遊び方　手を水でぬらして手形を付ける

水の入ったたらいで手をぬらします。"手形くっ付けポイント"に行き、手のひらを付けます。手形を確認したら、再び手をぬらしに行き、繰り返し遊びます。足や空き容器をぬらしてみてもいいでしょう。

あそびのPoint

自分の手形が付くことがおもしろくて、繰り返し水で手をぬらしているうちに、水に対する抵抗感が薄れ親しみをもって遊びます。

水　プール　どろんこ　感覚　雨の日

環境Check

"手形くっ付けポイント"は、子ども自身で選べるようにします。水で手をぬらして乾かないうちにペタッとくっ付ける、この一連の動きが子どもにとってはおもしろいのです。

✦もっと夢中になる！ 広がる！✦

遊んだ跡が見えるように

水の代わりに絵の具を薄く溶いた色水を使ってみましょう。跡が少し残るので、子どもの遊んだ過程が目に見えます。

水

1・2歳児

水はどこへ〜？

おみずポチャポチャ

遊び方 水の行方をたどる

ペットボトルに水を流します。水がどこへ行くのかをたどって楽しみます。バケツにたまった水も再び流して繰り返し遊びます。

準備物
- ペットボトル（500mℓ、2ℓ）、ビニールテープ、布テープ、バケツ、台や箱

〈作り方〉
① ペットボトルの底を切り、切り口にビニールテープを貼る。
② 台を重ねて固定し、ペットボトルを布テープで固定する。
③ 水が流れる所には、バケツを置いておく。

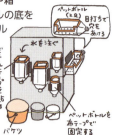

環境Check

低すぎると簡単で、高すぎると背伸びをしながら入れようとして水がこぼれてしまいます。ペットボトルは、子どもが水を注ぎやすい高さに設置しましょう。

あそびのPoint

自分で水をくみ、気に入った所に流していくという遊びが、子ども自身の主体的な活動につながります。

✦もっと夢中になる！広がる！

みんなで一緒に流すと楽しい！

四方にペットボトルを設置すると、水をみんなで一斉に流すことができます。ペットボトルの取り付け方や穴の大きさを変えると、更に楽しくなります。

2歳児 ずっしり！ ひんやり
水うなぎ、つかまえた！

準備物
- 傘袋（ポリ袋でもOK）、ビニールテープ

〈作り方〉
[水うなぎ]
①二重にした傘袋をビニールテープで装飾する。
②①に水を入れて口を結ぶ。

遊び方　水の入った傘袋を持ったり、顔や体にくっ付けたりする

傘袋で作った水うなぎを持ち歩いたり、顔や体に付けて水の冷たさを感じたり、水の意外な重さを感じたりして遊びます。

あそびのPoint
水うなぎは、持ち歩くと折れ曲がります。その様子は水うなぎが生きているようでおもしろいです。

もっと夢中になる！ 広がる！
凍らせてみると…
水うなぎをいろいろな形に凍らせてみましょう。氷になって硬くなったり、ひんやりと冷たくなったりする変化がおもしろいです。落として怪我をしないように注意しましょう。

環境Check
傘袋の中の水の量を変えると、持ったときの感覚が変わります。水が多ければ肉厚うなぎ、少なければ袋の中で水の行き来する様子を楽しみましょう。

2歳児 ぐにゃぐにゃがおもしろ～い！
ぐにゃぐにゃおさかな

準備物
- ミニプール、ポリ袋、色水、カラーセロハン、油性フェルトペン

〈作り方〉
[ぐにゃぐにゃおさかな]
①ポリ袋に色水を入れ、空気を少し残した状態で結ぶ。
②油性フェルトペンで目を描いたり、カラーセロハンでひれを付けたりする。

遊び方　ぐにゃぐにゃの感覚を楽しむ

ミニプールに魚を入れると、ぐにゃぐにゃとおもしろい動きをします。見たり触ったりして楽しみます。

あそびのPoint
ぐにゃぐにゃとした動きや不思議な感覚を味わう中で、自分で作りたい気持ちが出てきます。魚を作ってみてもいいですね。

もっと夢中になる！ 広がる！
大漁祭りだ！
たも網ですくったり、園芸用のネットをプールの底に仕掛けて、みんなでタイミングを合わせて「せーの、えいっ！」と引っ張ったりして、魚を釣りましょう。

環境Check
水の重さの違いを感じられるように、いろいろな大きさの魚を作りましょう。黒い大きなポリ袋で作ったクジラはとても重く、セロハンテープで角を丸くしたフグは、大きいのに空気が多く軽いなど、工夫してみましょう。

水／プール／どろんこ／感覚／雨の日

水

2歳児 シャバシャバ
ちょろちょろお水が！

準備物
- レジ袋（12号＝230×340mm）、目打ち

〈作り方〉
レジ袋に小さい穴をあけておく。

遊び方　穴をあけたレジ袋に水を入れて持ち上げる
水の入った穴あきレジ袋を持ち上げたり、持ち上げたときの水の様子を見たりして遊びます。

あそびのPoint
両手に抱えるほどの水の重みや、プニプニの感覚を楽しみます。

もっと夢中になる！広がる！
セルフシャワー
鉄棒にS字フックを2つ掛けておき、穴あきレジ袋を引っ掛けます。バケツの水をひしゃくで袋に入れると水が出てきます。たくさん入れると勢いが増します。

環境Check
いろいろな穴のあけ方をしたレジ袋を準備しましょう。1、2か所だけあけてみると、水がちょろちょろと静かに出てくるのがおもしろいです。

2歳児 シャワシャワシャワ〜
お気に入りのシャワーで遊ぼう

準備物
- ペットボトル、ビニールテープ、目打ち、油性フェルトペン

〈作り方〉
ボトルキャップに穴をあける。
※穴は、横一列にしたり等間隔にしたり、ランダムにしたり大きさを変えたりするなど工夫しましょう。
※目打ちを使うときは安全に気を付けましょう。

遊び方　自分だけのマイシャワーを作って遊ぶ
ペットボトルに油性フェルトペンで自由に絵を描き、自分の目印にします。直接描くのが難しい場合は、絵や模様を紙に描いて貼ってもいいでしょう。保育者が穴をあけておいたボトルキャップを閉めて、マイシャワーの完成です。

あそびのPoint
穴から水が出る様子に関心をもって楽しみます。

もっと夢中になる！広がる！
ボトルキャップを開け閉めすると…
ペットボトルに幾つか穴をあけて、水を入れます。ボトルキャップを開けると穴から水が出てきて閉めると止まります。不思議な現象に、子どもは夢中です。

環境Check
ボトルキャップを付け替えると、穴のあけ方、大きさや穴の数などによって水の出方が変化することに気付きます。

水がこぼれる～！

ジャ～ッ でた～！

2歳児

準備物
- ペットボトル（350mℓまたは500mℓ）、たらい、ビニールテープ

〈作り方〉
ペットボトルの下部を切り、上部の切り口にビニールテープを貼る。ボトルキャップは取っておく。

遊び方　水が出てくるのを手でふさぎながら運ぶ

ペットボトルを逆さに持ち、たらいから水をすくいます。口から水が出てくるのを手でふさぎながら運び、自分で決めた目標の場所に水を流します。

あそびのPoint

水が漏れないように手のひらをうまくくっ付ける中で、手の細かな調整の仕方を身につけながら遊べます。

プール　どろんこ　感覚　雨の日

環境Check

水が入ったたらいの数を増やしておくといいでしょう。子どもは水を入れる場所を遊びながら発見していきます。見つけると同じように水を入れ、運んで流す活動を続けていきます。

もっと夢中になる！広がる！

じょうごを使って

大きなペットボトル（2ℓ）にじょうごを付けて置いてみましょう。それに注ぐと、運んできた水がどれだけたまったかを見ることができます。子どもが意欲をもって取り組めるようにしましょう。

2歳児 洗濯ごっこ

ゴシゴシ、ピカピカ

準備物
- たらいやおけ、ハンカチ、石けん（ハンドソープでもOK）、カラー標識、コーンバー、洗濯ばさみ
※泡立てネットがあると、泡がつくりやすくて便利です。

遊び方　自分のハンカチを洗って干す

ハンカチで石けんを泡立て、水の中でハンカチをゴシゴシ洗います。洗った後は、ゆすいでもゆすがなくても、絞っても絞らなくてもよいです。「洗って干す」という流れを楽しみましょう。

あそびのPoint

「洗う」だけでも、とても盛り上がります。自分のハンカチをチャプチャプとゆすいだり絞ったりする中で、きれいにすることの気持ち良さに気付く子どもも出てきます。

環境Check

夏の時期だと、洗った物を午前中に干すと、午睡の後には乾きます。洗うという経験も大切ですが、ぬれていた物が乾くことの不思議も経験できるように、見通しをもって遊びを進めていきましょう。

もっと夢中になる！広がる！

変な形に干してみよう

わざと変な形に干してみましょう。柔軟剤を使っていないので、おもしろい形に乾いたり、形によっては自立したりもします。

3歳児 😊 落とさないように運ぶよ

水風船運搬レース

準備物
- 水風船、たらい2つ、バケツ2つ、タオル2枚

※水風船をたらい2つに分けて入れておきましょう。

遊び方 二人組で水風船をタオルにのせて運ぶ

子どもは2チームに分かれて二人組になり、タオルの端と端を持ちます。

① 他の子どもはタオルの上に水風船をのせます。水風船は幾つのせてもOKです。

② バケツまで運び、手を使わずに水風船を入れます。スタート位置に戻り、次の二人組に交代します。

あそびのPoint

タオルの上にのった水風船は、バランスが悪くコロコロと転がってしまいます。欲張ってたくさんのせると、想像以上に重くなり落ちてしまうかもしれません。

環境Check

始めは短い距離で遊んでみましょう。水風船が落ちてしまうと割れるかもしれませんが、割れても楽しめる雰囲気をつくりましょう。

もっと夢中になる！ 広がる！

いろいろな物で運ぼう

いろいろな大きさのタオルを選べるようにしてみましょう。他にもおたまで一人1つずつ運んでも楽しいです。

縦書き: プール　どろんこ　感覚　雨の日

水

2・3歳児
つったり、当てたり、すくったり
水のおまつり屋台ごっこ

遊び方 好きな屋台コーナーに行って遊ぶ

「金魚つり」「射的」「ボールすくい」のコーナーをつくり、各コーナーを行き来して遊びます。

いろいろ金魚つり

あそびのPoint
思い思いに金魚を作りましょう。「どの金魚を釣ろうかなあ?」とワクワクします。

環境Check
小さなプールでは、危険のないように割り箸で作った小さな釣りざおを使い、広いプールでは、子どもと考えながら長さを調整できるような素材(新聞紙を巻いた棒 など)を準備します。

水でっぽうごっこ

あそびのPoint
始めは思ったより距離が出ないかもしれません。「どうしたら距離が出るかな?」と、何度も繰り返し挑戦する中でコツをつかんでいきます。

環境Check
つるした新聞紙の的は、水にぬれると穴があいたりちぎれたりします。その様子もおもしろさの一つです。

ぐるぐる☆ボールすくい

環境Check
いろいろな大きさ、重さのボールを準備し、たくさんすくえるようにしましょう。ポリ袋に色水と少量の空気を入れて口を縛ると、ポニョポニョしたカラフルな水風船ができます。

あそびのPoint
ぐるぐる動くボールを目で追い、取りたいボールをレンゲなどですくうことで、手指の使い方が身につきます。

いろいろ金魚つり

遊び方　製作した金魚を釣る

ビニールプールなどに浮かべた金魚を、さおを使って釣ります。さおの先に付いた磁石にうまくくっ付けて釣りましょう。

準備物：●割り箸、新聞紙、たこ糸、磁石、セロハンテープ、フラワーペーパー、ポリ袋、目玉シール、マスキングテープ、モール、発泡トレイ、油性フェルトペン、プチプチシート、ビニールテープ、輪ゴム、ビー玉、カラーセロハン

〈作り方〉[さお]
割り箸（または新聞紙を巻いた物）の先にたこ糸を結び付け、先に磁石を付ける。
※子どもと一緒に作ってもいいでしょう。

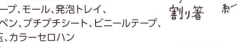

子どもの製作

金魚①　フラワーペーパーで

金魚②　発泡トレイで
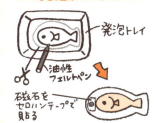

金魚③　プチプチシートで
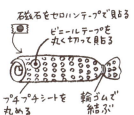

金魚④　ビー玉とカラーセロハンで
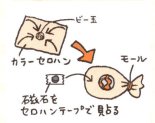

水でっぽうごっこ

遊び方　水鉄砲で的を狙う

マヨネーズやケチャップなどの空き容器に水を入れ、容器をキュッと握って水を出し、鉄棒に付けた的を狙って遊びます。新聞紙の的は繰り返し狙い、湿らせて落としましょう。

準備物：●マヨネーズやケチャップの空き容器、子どもが描いた絵、葉っぱ、ラミネート加工できるフィルム、ひも、鈴、パンチ、新聞紙、小石、布テープ

〈作り方〉

的①
①子どもが描いた絵や散歩で拾った葉っぱなどをラミネート加工する。
②パンチで穴をあけ、ひもと鈴を通しておく。

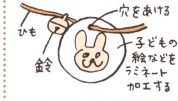

的②
①新聞紙を10cm程度に細くちぎる。
②新聞紙の下部に小石などの重りをくるみ、布テープで固定する。

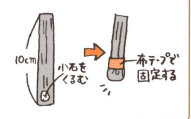

ぐるぐる☆ボールすくい

遊び方　ぐるぐる回るボールをすくう

ペットボトルにシールやマスキングテープを貼って、自分の入れ物を作ります。保育者がたらいの中の水をかき混ぜ、ぐるぐる回るボールをレンゲやおたまを使ってすくいましょう。

準備物：●たらい、ボール（スーパーボール、テニスボール、ピンポン球、ゴムボール など）、レンゲ、おたま、ペットボトル（1.5ℓまたは2ℓ・下部1/2）

〈作り方〉[ボールの入れ物]
ペットボトルの切り口にビニールテープを貼り、穴をあけてひもを通して結ぶ。

水

2・3歳児（4・5歳児）ぐるぐるスライダー
みずがぐるぐる流れていくよ

準備物
- 園芸用支柱、支柱を固定できる物（植木鉢 など）、透明ホース、結束バンド、ビニールテープ、ペットボトル（食紅で作った色水を入れておく）、じょうご、たらいまたはじょうろ

〈作り方〉[ぐるぐるスライダー]
① 園芸用支柱に、透明ホースをぐるぐると巻き、結束バンドやビニールテープで固定する。
② ホースの一番上にじょうごをセットし、先にはたらいやじょうろを置いておく。

遊び方　ホースの中を色水が流れていく様子を見る
ペットボトルの色水をじょうごに注ぐと、透明ホースの中を色水が流れていきます。繰り返し注いで、水の流れる様子を見て楽しみましょう。

あそびのPoint
最初は少しずつ水を入れて様子を見ていますが、水の流れる様子が分かると、どんどん水を注ぐようになっていきます。

環境Check
じょうごを高い所にセットすると、背伸びをして一生懸命水を入れ続ける子どもの姿が見られます。

もっと夢中になる！広がる！
4・5歳児　コースをつくろう
鉄棒に透明ホースをくるくると横に巻いたり、2階のテラスから1階へ下ろしたりすると、水の動きはどうなるのか試してみましょう。コースを変えることで新たな発見に出会えます。

3歳児（4・5歳児）買い物袋で水運び
水をどれだけ運べるかな？

準備物
- レジ袋、たらい、ビニールプール

遊び方　レジ袋に水を入れて運ぶ
水を入れたたらいと、たらいから5mほど離れた所にビニールプールを準備します。レジ袋でたらいから水をくみ、ビニールプールに運びます。

環境Check
大小様々な袋を準備します。欲張って水をたくさん入れると運べない、小さい袋だと少ししか水を入れられないなど、葛藤が生まれます。個々の判断が試されておもしろいです。

あそびのPoint
こぼれないようにそーっと運んだり、友達と力を合わせて運んだりします。

もっと夢中になる！広がる！
4・5歳児　チーム対抗にして
2チームに分かれ、たらいからビニールプールに水を移していき、どちらが先に水があふれるかを競います。

3・4歳児（5歳児）

ペットボトルの道をスーッ
水の通り道

準備物: ●ペットボトル（1.5ℓまたは2ℓ、同じ型の物が良い）、ビニールテープ、台やテーブル、色水
〈作り方〉[水の通り道]
ペットボトルの底を切り抜き、組み合わせてビニールテープで固定する。

遊び方 ペットボトルで作った水の通り道に水を注ぎ、流れる様子を見る

高低差をつけたり長くつないだりすることで、水の流れる様子が変わるのがおもしろいです。色水を使うと分かりやすいです。

環境Check

3つがセットになっている物を幾つか作っておきましょう。子どもたちが自由に組み合わせて遊ぶことができます。

あそびのPoint

注ぎ口を残したままにすると、水のスピードが変わります。注ぎ口をカットすれば、筒状の通り道にもなります。組み合わせを変えて、水のスピードの変化を楽しみましょう。

もっと夢中になる！ 広がる！

5歳児 牛乳パックでも

5歳児は、牛乳パックを切ってビニールテープでつなぎ、自分で水の通り道を作ってみましょう。

プール　どろんこ　感覚　雨の日

ポタポタ水が落ちてくる！

♪しゃわわわソラシド

遊び方　牛乳パックのシャワーの下で遊ぶ

牛乳パックの口からホースで水を流してシャワーのようにして遊びます。水を浴びたり、通り抜けたり、バケツに水をためたり、コップで穴から落ちてくる水をキャッチしたり、いろいろな遊び方で楽しめます。

準備物
- 牛乳パック、布テープ、台になる物（脚立など）、荷造りひも、バケツ、たらい、コップ、ホース

〈作り方〉[牛乳パックのシャワー]
① 牛乳パックの側面に5～15mmほどの穴をあけ、布テープでつなげる。
② 脚立に①をのせて荷造りひもで固定する。

あそびのPoint

落ちてくる水に興味をもち、「こんなのはどうだろう？」と自分で遊びを考えてチャレンジすることが大切です。通り抜けや水浴び、バケツに水を入れるなどの基本的な経験をしたうえで、子どもの創意工夫を促していきましょう。

環境Check

穴の数や大きさ、水の量や勢いを調節すると、子どもが新たな発見をすることにつながります。例えば、穴を1か所だけあけるとどうなるか？　子どもの姿を見て調節しましょう。

もっと夢中になる！広がる！

シャワーの高さを変えてみよう

様々な台を利用して、高さを変えたシャワーを準備してみましょう。高さの違いで遊びの内容に変化が見られ、子どもの好奇心と想像力が増し、より夢中になって遊びます。

4歳児 — あっちこっちあわぶく

卵パックから泡がぶくぶく…

準備物
- 卵パック（1/2）（端に2〜3mmの穴をあけておく）、プールまたはたらい
※衛生面を考慮して、卵パックはきれいに洗います。四隅を切り、ビニールテープで保護しましょう。

遊び方 — 卵パックを水中で傾けて空気を送る

プールやたらいの水に、卵パックを凸型が上になるようにして少し沈め、穴から泡を出します。水中で卵パックを傾けて、卵ポケットから卵ポケットへ空気を送って遊びましょう。

あそびのPoint

泡を出すためには卵パックをゆっくりと傾け、手先を微調整しながら少しずつ空気を移していくとうまくいきます。

もっと夢中になる！ 広がる！

水を移してみよう

卵パックに水をくみ、穴から水を出します。卵パックを傾けながら、卵ポケットから卵ポケットへと水を移していきましょう。

環境Check

いろいろな形状の卵パックを準備しておくと、子どもは考えて遊び始めます。

4・5歳児 — ふみふみシャワー

牛乳パックを踏むと水がピューッ！

準備物
- 牛乳パック、ストロー、ビニールテープ、たらいやバケツ

〈作り方〉[ふみふみシャワー]
① 牛乳パックを平らに潰し、底は両側に折って折り筋をつける。
② 口を開きながら上から2回押して畳み、口を閉じてしっかり潰す。
③ 元の形に伸ばし、側面の下部1/4程度に穴をあけ、先に4か所切り込みを入れたストローを穴に差し、内側からビニールテープで留める。

遊び方 — 牛乳パックでふみふみシャワーを作って遊ぶ

牛乳パックの側面に絵を描くなどして、お気に入りのシャワーを作ります。牛乳パックに水を入れ、上から踏み付けると、ストローから水がピューっと飛び出します。

あそびのPoint

力いっぱい踏むと、勢い良く水が飛び出します。力加減を調節することで、水の出方が変わることに気付きます。

もっと夢中になる！ 広がる！

水の飛距離を競おう

園庭で、どれくらい水が飛んでいくのか子ども同士で競争してみましょう。

環境Check

たらいやバケツに水を入れておきます。水中にふみふみシャワーを沈め、蛇腹を引っ張ってみましょう。力が必要になりますが、水が中に入っていくのを感じられます。

プール　どろんこ　感覚　雨の日

水

4・5歳児 どれだけすくえるかな？
流しそうめんごっこ

準備物：●雨どい、スズランテープ（15cmほど）、たらい、バケツ、ざる、わん、小さなトング、脚立や台、ホース

遊び方　流れるスズランテープを取って楽しむ

雨どいにスズランテープを置き、ホースから水を出してスズランテープを少しずつ流していきます。トングでスズランテープをつかみましょう。

あそびのPoint
雨どいの角度を急にする必要はありません。本当に進むのかなと思うような角度でも、シュッと流れていきます。

環境Check
太いままのスズランテープを使いましょう。細くすると、地面に落ちたときに拾いにくくなります。

あそびのPoint
スズランテープのそうめんを置く係、トングでつかむ係、落ちていくそうめんをざるに取る係など、役割分担をして遊びましょう。

環境Check
たらいに集まった水をバケツですくってまた流していくなど、水を節約しながら楽しい遊びが続けられるように声を掛けましょう。

✦ もっと夢中になる！広がる！ ✦

ウォータースライダー
食品トレイに油性フェルトペンで人などの絵を描き、はさみで切り取ります。ウォータースライダーのように滑らせて遊ぶと楽しいです。

4・5歳児

タオルに向かってエイッ!

水かけズルン!

準備物
- ハンドタオル、バケツ、台、板、たらい、水を入れたペットボトル(2ℓ)
※台に板を立て掛け、ぬらしたハンドタオルを掛けます。板がひっくり返らないように、水を入れたペットボトルを板の前に置いて固定しましょう。

遊び方　水を掛けてハンドタオルを落とす

たらいの水をバケツにくみ、ハンドタオルを目掛けて水を掛けます。ハンドタオルが板からズルンと落ちるまで掛けましょう。水を掛ける動きは難しいので、近い距離から始めて、徐々に距離を伸ばしていきましょう。

あそびのPoint

バケツに水をどれほど入れたら掛けやすいのか、バケツの持ち方や腕の伸ばし方などをどう工夫するとタオルがズルンと落ちるのかなど、何度も繰り返す中で調整力が身につきます。

あそびのPoint

3～5歳の異年齢児で遊ぶと、遊びに興味をもった3歳児に遊び方を伝える4・5歳児の姿があり、異年齢児との関わりが生まれます。

環境Check

板の角度を緩やかにすると、タオルが落ちにくくなり、時間を掛けて遊ぶことができます。子どもの姿を見て調節しましょう。

もっと夢中になる! 広がる!

チーム対抗 水かけズルン!

チーム対抗でどちらが早くハンドタオルを落とせるかを競います。また、フェイスタオル・バスタオルなどタオルの大きさも変えて遊んでみましょう。

プール　どろんこ　感覚　雨の日

水

4・5歳児 すくってポイ！
ぷかぷか浮かぶたらいを狙え！

準備物：たらいまたは洗面器、水を入れる物（空き容器、おもちゃのコップ、スコップなど）、ビニールプール

遊び方　たらいを目掛けて水を入れる
プールにたらいを浮かべ、子どもはプールから水をすくってたらいに入れていきます。繰り返し遊んで、たくさん水を入れましょう。

あそびのPoint
いろいろな方向から水を入れようとすると、反対側の人に水が掛かります。これもおもしろさの一つです。

環境Check
一人ひとりが十分に楽しめるように、プールの大きさや子どもの人数に応じて、たらいや洗面器の数を増やしましょう。

もっと夢中になる！広がる！
手ですくってポイ！
たらいをプールに1つ浮かべます。子どもはプールの中から手で水をすくってたらいに入れていきます。どんどん入れてたらいの中を水でいっぱいにしましょう。

4・5歳児 いいの？ ほんとにいいの！？
服のままぬれちゃおう！

準備物：霧吹き、じょうろ、シャワー、バケツ、たらい

遊び方　服を着たまま水を掛け合う
最初は霧吹き、徐々にじょうろやシャワー、最後にはバケツやたらいで互いに水を掛け合います。

あそびのPoint
「服がぬれるとどのくらい重くなるだろう？」「気持ち良いかな？」といったちょっとした疑問から、たくさんの発見があるかもしれません。

環境Check
子どもは最初「本当にいいの？」という表情をしますが、徐々にダイナミックに水を掛け合い始めます。遊びがダイナミックになるほどに、みんなが笑顔で遊べるように保育者は配慮しましょう。

もっと夢中になる！広がる！
5歳児 プールに入ってみよう
5歳児は服のままプールに入ってみましょう。服のままだと泳ぎにくいことや、ぬれた服をうまく使うと空気の袋ができて浮きやすくなるなど、いろいろな発見に出会います。

4・5歳児 シャワシャワハイハイ

水しぶきが気持ち良い！

準備物：ビニールシート、散水ホース（ホースに穴をあけてもOK）、カラー標識

遊び方　散水ホースの中をハイハイで進む

1 ビニールシートの上にくねくねと置かれた散水ホースをたどるようにハイハイで進みます。立って歩くと転倒の恐れがあるので、必ずハイハイで遊びましょう。

あそびのPoint
膝と手をしっかりと動かしてハイハイすることが、運動量を増やすことにつながります。

2 ビニールシートにカラー標識を置き、ホースの上をハイハイで縦断しながら回って帰ってきます。

あそびのPoint
順番を守るなど集団で遊ぶときのルールを明確にして、一人ひとりが遊びを楽しめるようにしましょう。

環境Check
散水ホースを使うことで水しぶきを全身に浴び、水の怖さを忘れて水あそびを楽しむことができます。

環境Check
芝生などの上で遊ぶときは、ブルーシートのみでよいですが、土の上で遊ぶときは、土を軟らかくしたりぬれてもよいクッション性のある物を敷いたりして配慮しましょう。

もっと夢中になる！広がる！

お尻スリスリで
水慣れしてきたら、ハイハイの代わりにお尻スリスリで移動します。4・5歳児なりの運動要素を遊びの中に取り入れ、体全体を動かせるように心掛けましょう。

（縦書き）プール　どろんこ　感覚　雨の日

4・5歳児 たくさん運べるよ！ 力持ちのおふね

準備物
- 牛乳パック、ペットボトル、発泡トレイ、船にのせる荷物（ウレタンブロック、積み木 など）、うちわ、計量器、プール

遊び方　たくさん荷物をのせられる船を考えて作る

いろいろな素材を使って、たくさん荷物をのせられる船を作ります。作った船にウレタンブロックや積み木をのせ、プールの反対側までうちわであおぎます。到達したら、荷物の重さを計量器で量りましょう。重い荷物を運べるように工夫を重ねます。

あそびのPoint

「セロハンテープより違うテープのほうが良い」「紙は軽いけど、水にぬれるとダメ」と工夫をしながら作ったり遊んだりする中で、素材の使い方などいろいろなことが分かってきます。

環境Check

子どもが思い描くイメージが形になるように、素材の種類や数を十分に準備しましょう。

もっと夢中になる！広がる！

どうすれば進むかな？

「うちわのほかに扇風機ならどうだろう？」と、船の進め方もいろいろ試しながら、荷物をたくさん運べるように工夫を重ねましょう。

5歳児 プチプチ水すくい

プチプチシートの水すくいにチャレンジ！

準備物: プチプチシート（30×30cm）、ビニールプール

遊び方 プチプチシートを使って水をすくう

プチプチシートを使ってどうすれば水をすくうことができるのか考えて遊びます。

あそびのPoint

シートの上に水を入れ込むのは大変ですが、シートを沈めたり折り畳んだりするなど、工夫して遊ぶことが楽しさの秘訣です。ヒントは、四隅を1つにまとめて持ったり、たこ焼きの舟皿のように持ったりするなどです。

あそびのPoint

保育者は、一人ひとりの様子を見ながら、「お友達はどうやってすくっているのか見てみよう」などとことばがけして、子どもの考えを広げていきましょう。

あそびのPoint

柔らかな素材なので、1枚で自由に形を変えて物を包む風呂敷に似ています。形や素材を変えるなどして、子どもが遊びの中で日本の伝統文化にふれる場をつくることも大切です。このような知識は、資質向上にもつながります。

環境Check

子どもが取り組む素材の大きさはあらかじめ決まっていますが、準備している物よりも大きいと水をくみやすいのか、それともすぐにこぼれるのかなど、子どもが遊びながらしぜんに創意工夫をする環境を整えることも必要です。

もっと夢中になる！広がる！

みんなですくってリレーに

大きなビニールを使って3～4人程度で水をすくい、離れたたらいに移し替えるリレー形式に変えてもおもしろいです。

プール / どろんこ / 感覚 / 雨の日

5歳児の なるほど水実験室

子どもが「なるほど！」「おもしろい！」と思う、簡単ですぐできる「水」を使った実験遊びを紹介します。

実験　取れないピンポン球

花瓶にピンポン球が入っています。口が小さく細長いので、手を入れて取ることができません。また、花瓶は固定されているのでひっくり返して取ることもできません。どうすれば花瓶の中のピンポン球を取ることができるでしょうか？

花瓶の中に水を入れると、浮力でピンポン球が浮いて取り出すことができます。

なるほど＊メモ

答えは幾つあってもよいです。様々な言葉のやり取りを通して、子どもの想像力を育てましょう。「なるほど！」と感じることが刺激になり、新たな遊びへの探究心につながります。

第2章 プールあそび

プールあそびの魅力

プールでは水をダイナミックに使うことができる！ これが最大の魅力でしょう。プールの中に入る、浮く、潜るなど、たくさんチャレンジして楽しい遊びを繰り広げていきましょう。

幼児の育ちと配慮

プール遊びの初期は水の量を少なめに設定し、遊びが進むにつれて次第に増やしていくようにします。遊びの内容も、簡単なものから少しずつ掘り下げていきましょう。

乳児の育ちと配慮

水慣れが基本的な遊びのねらいです。身近な物を使って遊びを展開していくことが望ましいです。決して無理をせず、子どものペースに合わせて水慣れを進めていきましょう。

保育者間の連携 〜安心・安全のために〜

プールに入るときは、必ず中に入る保育者、外から見守る保育者が必要です。「誰かが見ていると思っていた」ということが決してないように、十分に安全面の配慮をしましょう。また、プールに入っているときには、保育者の声が届く所に別の保育者を配置すると、急な排せつ、怪我などの対応がしやすいです。

水慣れが進む♪ プールあそびの流れ

プール遊びに入る前に、水慣れの流れを具体的な遊びと共に見ていきます。子どもの姿に合わせて無理なくおもしろく水慣れを進め、小学校でのプール活動につなげていきましょう。

Lv.1 | 水に慣れよう

子どもの膝の高さで

\ STEP 1 /
初めてのプール

● **プールで歩いてみよう**

初めてのプールでは、まずは少しずつ歩いて水に慣れていきましょう。1回目の合図で歩き、2回目の合図で止まる、そのような簡単なルールで遊んでみましょう。

この遊びもオススメ！
P.39 トントンたまご
P.41 ふしぎなふくろ
P.46 どんな音？

\ STEP 2 /
プール、おもしろいかも…！

● **手足で水をかき混ぜよう**

水の中を洗濯機のようにぐるぐるかき混ぜます。まずは片手でやってみましょう。その後、反対の手、次は足でかき混ぜます。最後に全部でかき混ぜようと声を掛けると、水の怖さを忘れて一生懸命に笑顔でかき混ぜます。

この遊びもオススメ！
P.40 プチプチリング遊び
p.42 プカプカ色さがし

\ STEP 3 /
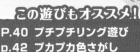
プール、気持ち良い〜

● **ゆったり温泉ごっこ**

まるで温泉に入っているように、ゆっくりゆっくりとプールの中に入ってみましょう。みんなで10を数えてみます。5歳児は、少し長めに20でも30でもいいですね。子どもの数える声を確認しながら数えていきましょう。

この遊びもオススメ！
P.44 おんせんごっこ

\ STEP 4 /
ちょっぴりチャレンジ！

● **体に水を掛けてみよう**

少しずつ、自分の手ですくえる範囲で頭、顔、胸、おなかと水を掛けていきます。水を嫌がる子どもは自分で掛けるのは平気ですが、他の子どもがはじいた水が掛かると嫌がります。テンポ良く掛けていくのが遊びのコツです。

この遊びもオススメ！
P.49 ボールをつかんでカゴにイン！

Lv.2 | 水の中で遊ぼう

子どもの膝の高さ〜
だんだんと高く

\ STEP 5 /

● プールでも
ハイハイ

水が少ないうちは、一定方向に回るようにハイハイ競争をしてみましょう。きちんと膝を付けてハイハイをして更に水慣れを進め、ワニ歩きにつながるように遊んでみましょう。

お水、顔に近いよ

この遊びもオススメ！
P.48 スポンジのせのせゲーム
P.54 フープトンネル 足トンネル

\ STEP 6 /

水につかっても、へっちゃら！

● ワニ歩きにチャレンジ

足を伸ばして腕支持の状態で進んでみましょう。最初は水を少なめにして、怖さを感じずに遊べるようにします。手を動かし、足を伸ばして進む動きを覚えましょう。

この遊びもオススメ！
P.45 プールで忍者
P.60 立って座って波起こし

\ STEP 7 /

● ワニ歩きで
どんどん進もう

水の量を増やし、ワニ歩きをしてみましょう。足を伸ばすことで体が浮いてきます。この状態でどんどん進んでいきます。回数を重ねる中で、水面が口の下、鼻の下、目の下に近づくように、自分で調整できるといいでしょう。各年齢で進むスピードが違ってきます。無理なく自分でチャレンジできる環境を整えること、一人ひとりに声を掛けることが大切です。

体が浮いた！

この遊びもオススメ！
P.58 ワニ歩きタッチ

保育者メモ

基本が大事！

■ **泳ぐではなく、水に慣れる！**

幼児期の間に、無理に「泳ぐことを教える」のは難しいです。それよりも、まずは水慣れが大切です。怖さを取り除いて潜る、進むといった経験を重ね、水の世界を堪能できればいいでしょう。

■ **園全体で中・長期の目標を立てる**

水慣れを進めていくためには、水・プール遊びについて中・長期的な目標を定め、園全体で考えていきましょう。例えば、3歳児ではワニ歩きを目標として定めます。そうすると、4歳児になったときにワニ歩きの経験が生かされ、スムーズに次の遊びへと進むことができます。短期間しかできない遊びだからこそ、経験の積み重ねが大切です。

基本をおさえたら
遊びへ GO!!

プールあそび プチシリーズ

ここから始めてみよう♪

プールに入る前に、少しずつ体で水を感じて楽しめる「プチ」プール遊びを紹介します。

3歳児 ごろん、プールに寝転がって

1〜2cmほど水を張ったプールに寝転がってみましょう。冷たい水の気持ち良さを感じたり、夏の空の青さや太陽のまぶしさに気付いたりします。背中を付けたまま動きだしたり、腹ばいをしたりして楽しんでもいいでしょう。

0・1歳児 チャプチャプシート

軟らかくした園庭の土や砂場の上にブルーシートを置きます。少量の水を掛け、その上をハイハイしたり手で水に触れたりしてみましょう。凸凹の感覚を楽しみながら遊べます。滑らないように配慮してください。

0〜2歳児 じわじわバスタオル

ブルーシートの上にバスタオルを敷いて、保育者と一緒に座りましょう。バスタオルにじょうろで水を掛けると、タオルが少しずつぬれていく感覚が気持ち良いです。ぬれたタオルの上で寝転んだり体に巻き付けたりしながら、水の感覚を楽しみましょう。日ざしてじわじわと温かくなっていくのも楽しいです。

5歳児 パシャッ！水中カメラに笑顔

防水用のデジタルカメラで、水中の様子を撮影してみんなで見てみましょう。口から泡が出ていることや、目を開けている様子を撮ってみます。「僕もできるかな？」「私もやってみよう！」と、水中で目を開けることに挑戦しやすくなります。

3~5歳児 準備体操のコーナー

プールに入る前は準備体操をしましょう。屈伸、伸脚、前後屈、上体回旋、背伸びの運動、首や関節、アキレス腱のストレッチ。今日はどんな準備体操をしようかな？ 準備体操係が考えたり、順番を決めたりして、子どもたちが進めていけるように援助します。

3~5歳児 水温チェック！

プールの水は温かいかな？ 冷たいかな？ プールに腕を入れてみましょう。日なたのプールは温かいです。5歳児は、水温計で温度を測って、心地良い温度がどのくらいか毎日チェックしてみましょう。

2・3歳児 水紋をつくろう！

プールの水の表面に、指をちょん！ とすると輪ができ、しばらくするとなくなってしまいます。ちょんちょんちょんと優しく触れたり、水をすくって落としたりしても輪ができます。そのような不思議をプールで経験して、水慣れを進めていきましょう。

プール

0歳児 ドキドキしながら膝からド〜ン！

ひざド〜ン!!

準備物：なし

遊び方
『あたまかたひざポン』の一部替え歌で、手遊びをしながら遊ぶ

子どものペースに合わせてゆったりとしたリズムで遊びます。月齢によってはお座りができる子どももいます。一人ひとりに合わせて遊びましょう。

1 ♪あたまかた ひざ

保育者は長座をして、子どもをのせます。頭、肩、膝を順番にタッチします。

あそびのPoint
大好きな保育者とのふれあいの中で安心して遊ぶことができ、体が水に触れる感覚を楽しめます。

2 ♪ド〜ン！ ひざド〜ン ひざド〜ン

「ド〜ン」で保育者が膝を開き、子どもはプールにポチャンと入ります。「ひざ」でまた膝の上にのせます。「あたまかたひざ」に戻って、もう一度繰り返します。

 環境Check
水は浅めに張っておきましょう。ポチャンと水に入る心地良さを感じられます。

3 ♪さいごは いないいないばぁ

いないいないばぁをします。

もっと夢中になる！広がる！

ふだんから遊んでみよう

保育室でもふだんからふれあい遊びとして遊ぶといいですね。いつものふれあい遊びだからこそ、プールでは水のことを意識するだけで済み、水慣れも早まることでしょう。

※『あたまかたひざポン』（イギリス民謡　作詞／不詳）のメロディーて 一部作詞／小倉和人

0・1歳児

とんとん、ぐるぐる、バンザ〜イ！

トントンたまご

準備物：なし

遊び方
『とんとんとんとんひげじいさん』の一部替え歌で、手遊びをする

あそびのPoint
「ぐるぐる〜っ パッ！」「バンザ〜イ」の部分をみんなで声に出すと、遊びがもっと楽しくなり、水慣れも早くなるでしょう。

1 ♪とんとんとんとん たまごさん

「とんとんとんとん」で両手をグーにして手を打つ。

「たまごさん」で両手を水に入れる。

2 「ぐるぐる〜っ パッ！」

「ぐるぐる〜っ」でかいぐりをする。

「パッ！」で両手を開く。①②を4回繰り返す。

3 ♪とんとんとんとん ては うえに

「とんとんとんとん」で両手をグーにして手を打ち、「ては うえに」で両手を上に上げる。

4 ♪おおきなおおきな たまごさん

「おおきなおおきな」で両手で輪をつくってたまごを表現する。

「たまごさん」でゆっくりと水中に手を入れる。

環境Check
なじみのある手遊びで楽しみながら水慣れを進めていきます。水の量はパチャパチャできる程度で十分です。

5 「バンザ〜イ！」

バンザイをします。

※『とんとんとんひげじいさん』（作詞／不詳　作曲／玉山英光）のメロディーで 一部作詞／小倉和人

もっと夢中になる！ 広がる！

楽しい雰囲気で
始めはゆっくり進め、水遊びの回数を重ねていく中でスピードを速めたり、動きを大きくしたりして、楽しい雰囲気をつくりましょう。

（縦書き）水　プール　どろんこ　感覚　雨の日

プール

1・2歳児 　水に浮くよ
ぷかぷかじゅうたん

準備物
- 布団圧縮袋、風船、掃除機、布テープ

〈作り方〉
[ぷかぷかじゅうたん]
① 布団圧縮袋に膨らませた風船を入れ、敷き詰める。
② 掃除機で圧縮袋の空気を抜いて口を閉じ、布テープで留める。

遊び方　ぷかぷかじゅうたんの上にのる

水深の浅いプールに浮かせたぷかぷかじゅうたんの上にのってみます。必ず保育者が補助に入り、落ちないように注意しましょう。

あそびのPoint
浮く感覚を楽しんだり、少しずつ水に触れたりすることができます。

環境Check
透明感のある風船を使いましょう。水面に浮かすと水が透けて見えるので興味をもってのろうとしたり、自分で持ち運んだりする姿が見られます。

もっと夢中になる！広がる！

ぷかぷか座布団
小さい圧縮袋に風船を入れ、ぷかぷか浮かぶ座布団を作ります。一人でのるので、浮力は抜群です。

1・2歳児　リングでいろいろ楽しめる！
プチプチリング遊び

準備物
- プチプチシート、カラーポリ袋、セロハンテープ

〈作り方〉
① プチプチシートを正方形に切り、カラーポリ袋を重ねて巻く。
② リングにしてセロハンテープで留める。

遊び方　水に浮いたリングで遊ぶ

リングを水に浮かせます。好きな色のリングを集めたり、リングを持って水面をたたいたりと、思い思いに遊びます。

ドーナッやさんだよー

環境Check
カラフルなリングを水面に浮かべると、子どもがじっと見つめて興味津々になります。

あそびのPoint
子どもの腕の太さに合う物から、頭の上にちょうどのるくらいの大きさの物まで、いろいろな大きさのリングを作り、自由に遊びます。ドーナツ屋さんのようにごっこ遊びになることもあります。

もっと夢中になる！広がる！

輪投げをしよう
水を入れたペットボトルを幾つか置いて、輪投げをしてみましょう。

1・2歳児 レジ袋だけで楽しめる！
ふしぎなふくろ

準備物: ●小さいレジ袋、たらい

遊び方　レジ袋を使って遊ぶ

たらいをプールに浮かべます。レジ袋に水を入れ、たらいにジャーっと移したり、レジ袋をプールに沈めたときに屈折して見える様子をじっと見たりします。

あそびのPoint

水の屈折でレジ袋が大きく見えたり小さく見えたり、ふにゃふにゃ動いたりしている様子がおもしろいです。水の不思議を感じ、レジ袋でいろいろな遊びができることを経験しましょう。

あそびのPoint

2歳児は、プールの環境に慣れ、親しみをもつために、プール遊びの前段階の遊びを中心に保育をしていきましょう。大きなプールでの水遊びに十分に取り組むことが、次年度に行なうプール遊びにつながります。

環境Check

小さいレジ袋は大きい物よりも子どもが手に持って遊びやすく、顔にくっ付けたり頭からかぶったりするなどの事故も防ぎます。保育者はこのような配慮をしながら、身近な物を使って子どもの水慣れを進めていきましょう。

水　プール　どろんこ　感覚　雨の日

✨もっと夢中になる！広がる！✨

泡ぶくを出してみよう

レジ袋に空気を入れて口を絞り、泡を出してみましょう。

 プール

2歳児　何色のボールをゲットする？
プカプカ色さがし

準備物
- カラーボール、サイコロ
※サイコロは、面に2色（赤/青・黄/緑・赤/黄・青/緑・赤/緑・青/黄）を表記した子どもが見やすい大きさの物を準備します。

遊び方　サイコロの出た面と同じ色のボールを探す

カラーボールを入れたプールに入ります。保育者がサイコロを振り、子どもは出た面の2色のうちどちらかのカラーボールを探します。取ったカラーボールを持って手を上げ、またプールに戻して繰り返し遊びましょう。

あそびのPoint

自分の欲しい色を主張する年齢です。2色のうちどちらを選んでもいいので、互いに欲しい色を交換したり、2つ取ってしまったら1つを手渡したりするなど、子どもの優しい姿が見られるといいでしょう。

環境Check

カラーボールが多過ぎるとおもしろみや楽しさが半減するので、プールの大きさや子どもの人数などを考慮して、適度な数を入れるようにしましょう。

もっと夢中になる！広がる！

ぐるぐる色さがし

ぐるぐると流れをつくり、その中でカラーボールを探します。探し当てたカラーボールを保育者が持っているカゴに玉入れのように入れていきます。見つけたカラーボールを色分けしてカゴに入れてもいいでしょう。

2歳児　わぁ！　水が跳ねた！
風船ポシャン

準備物
- 水風船

※水風船は大きくなり過ぎない程度に水を入れます。模様のない物を数色用意するといいでしょう。

遊び方　『おちたおちた』の一部替え歌に合わせてみんなで水風船を水面に落とす

あそびのPoint
水風船を落とすと水が跳ねることに、興味・関心をもって楽しみます。まずは落とす色を決めずに、楽しい雰囲気の中みんなでタイミング良く落として遊ぶことから始めてみましょう。

1　♪おちたおちた なにいろおちた

好きな色の水風船を持って座りながら歌います。

2　♪ぜ〜んぶの色

全員で立って胸の高さから落とします。落としたときに水しぶきが上がるのを楽しみましょう。

もっと夢中になる！広がる！

色を指定してみよう

慣れてきたら「♪〇〇色」というように色の指定をします。「赤」「青」などの分かりやすい色から進めるのがコツです。自分や友達の水風船は何色かを考えて遊ぶ中で、色を覚えることもできるでしょう。

環境Check

水風船は割れやすいので余分に作っておきましょう。破損した物はすぐに取り除いてください。

※『おちたおちた』（わらべうた）のメロディーで　一部作詞／小倉和人

 プール

2歳児 おんせんごっこ
タオル一つで楽しい！

準備物
● ハンドタオル

あそびのPoint
タオルを水中に入れると「ぬれちゃう」「いれたらダメ！」といろいろな言葉が出てきます。タオルと水の関係を2歳児なりに不思議に感じながら、生活におけるタオルの使い方を遊びの中でしぜんと学んでいきます。

遊び方 タオルでいろいろな遊び方を経験しよう
①〜⑧は時系列ですが、子どもの好奇心や現在の姿などに合わせて、どの遊びをするのか選んで遊んでもいいでしょう。

1 水中に入れてみよう
タオルを水中に入れると浮かぶ？ 沈む？「どうなるかな？」と保育者からことばがけをしましょう。

2 ぎゅ〜っと絞ってみよう
「水が出てきた！」という子どもの発見を受け止めましょう。

3 頭にのせてみよう
タオルを落とさずに頭にのせることができるかな？

4 次は上手に絞ってみよう
上手に絞れるように、保育者のまねをしてみましょう。

5 頭にのせて、10を数えてみよう
タオルをのせて静かに座ります。10を数え、数字の順番を覚えてみましょう。

6 ぬれたタオルを肩や胸にくっ付けてみよう
ぬれたタオルの感覚を肌で感じます。

7 真ん中にタオルを集めてぐるぐる洗濯機
一定方向にぐるぐると進んでみましょう。

8 タオルを絞ってプールの縁に干してみよう
タオルがだんだん乾いていく変化に気付けるようにします。

環境Check
ハンドタオルは使用済みでないか確認し、清潔な物を使いましょう。

もっと夢中になる！広がる！
小さなタオルで思い思いに遊ぼう
フェイスタオルを1/8サイズに切った物をたくさん準備して遊びましょう。体にくっ付けたり絞って干したりと、経験したことが生かされます。

2歳児 プールで忍者

水の修行じゃ〜

準備物：なし

あそびのPoint
2歳児ながらに忍者への憧れの気持ちがあるので、思いを込めて取り組むことが大切です。その中で、水が苦手な子どもも水遊びからプール遊びへと移行していきましょう。

遊び方
プールで忍者になったつもりで遊ぶ

修行1 プールの縁を持って歩きます。

修行2 プールの縁、または壁に手を添えて、小さくなったりしゃがんだりして歩きます。

修行3 プールの中を自由にそーっと、そーっと歩きます。合図で小さくなります。すり足でも歩いてみましょう。

修行4 ワニ歩きのように、腕支持で進んでみましょう。

環境Check
水の深さは浅めにし、最初は子どもの膝の高さがベストです。慣れてきたら股下までの深さにするなど、子どもの様子を見て変えてみましょう。

もっと夢中になる！広がる！

手裏剣攻撃してみよう
大きなプールで過ごすことにも慣れてきたら、修行3の合図の後、手裏剣攻撃！と言って、手裏剣を投げているかのように水面に手のひらを打ち付けてみましょう。

プール

2・3歳児

ぶくぶく、ぼわ〜ん
どんな音？

準備物
●ペットボトル、プラスチック容器、わん、容器類を入れる箱

遊び方　水を通して聞こえる音を楽しむ

ペットボトルやプラスチック容器、わんなどを沈めてみましょう。沈めるときの音や、水中でひっくり返したときの音を楽しみます。

あそびのPoint

「ぶくぶく」「ぼわん」など、いろいろな音を楽しみながら、きれいな音や不思議な音の違いに気付きます。子どものオリジナルの擬音が出てくるかもしれません。

環境Check

保育者は、いろいろな容器が入った箱を保育室に置いておきます。テラスに箱ごと持っていき、「これだとどうなるかな？」と箱から自分で容器を選び、考えながら試していきます。

もっと夢中になる！広がる！

スポンジやガーゼを握って

スポンジやガーゼを水中で握ると、「ジュワッ！」など、違った音が聞こえます。水中だからこそ聞こえるいろいろな音に気付けるようにしましょう。

3歳児 ぱしゃぱしゃ・ドボン！

手・足・お尻を思い切って水の中へ！

準備物：なし

遊び方　『おちたおちた』の一部替え歌で遊ぶ

プールの中で自由に広がり、「♪おちた おちた なにが おちた」と歌いながら手拍子をします。その後、「手」「足」「お尻」のどれかを選んで歌います。まず手をゆっくりと水に入れる、足をゆっくりと上げて足踏みする、お尻からそっと入るなど、ゆったりと始めてみましょう。

♪おちた おちた なにが おちた

環境Check
プール遊びの初期は、水を浅くしておくといいでしょう。遊びが進むにつれて水かさを増やしていくと、水の抵抗が増えるので、力を入れたり水の深さに対応する体の動かし方を身につけていったりします。

♪て！
両手をパシャンと水に入れます。底まで届くかな？

♪あし！
どっしんどっしんと水の中で足踏みします。

♪おしり！
お尻からドボン！　と入ります。

あそびのPoint

歌のリズムに変化をもたせるなど、水に入るときにめりはりをつけると楽しさも増し、体全体で水の心地良さを感じることができるでしょう。

✦もっと夢中になる！ 広がる！✦

楽しい動作を加えて
水の中に手を入れたとき、底にタッチするだけではなくグルグル回す、足をどっしんどっしんした後はかかしポーズをする、お尻を着いた後はスリスリ動かして前に進むなど、展開の要素を入れることで水慣れのスピードも増してきます。

※『おちたおちた』（わらべうた）のメロディーで
一部作詞／小倉和人

水　プール　どろんこ　感覚　雨の日

プール

3歳児 スポンジで水慣れ
スポンジのせのせゲーム

準備物 ●スポンジ（人数分）

遊び方　ワニ歩きをして頭にスポンジをのせる

1 スポンジをプールに入れます。子どもはワニ歩きをして、スポンジに当たらないように進みます。

2 保育者が「スポンジーッ！」と言うと、子どもは立ってスポンジを1つ拾い頭にのせます。再び、スポンジをプールの中に入れ、ワニ歩きで進みます。繰り返し遊びましょう。

スポンジーッ！

あそびのPoint
遊びが進むにつれてスポンジは水を含んでいくので、頭にのせると顔などに水がしたたり、水慣れにつながります。水の抵抗の中でワニ歩きをする、頭にのせてバランスを取る、といったねらいを踏まえて遊びましょう。

✦もっと夢中になる！広がる！

プール掃除ごっこを楽しもう
スポンジでプール掃除ごっこも楽しめます。スポンジでごしごししてみましょう。スポンジは使い終わったら、天日干しにするなど、清潔にしておきましょう。

環境Check
スポンジはいろいろな大きさの物を使います。大きさによって含む水の量に違いがあることに気付いたり、水をたくさん含むと少し沈むなど不思議な発見をしたり、遊びがもっと楽しくなります。

3歳児 ボールをつかんでカゴにイン!

ボールをたくさん集めるぞ〜!

準備物：●カラーボール、カゴ

遊び方　水中のボールを拾ってカゴに入れる

プールにたくさんのカラーボールを入れ、端に集めておきます。反対側で保育者がカゴを持っておき、子どもはカラーボールを拾ってカゴに入れにいきます。

あそびのPoint

水中でボールをつかむ動作は、子どもの指の細かな動きを促すことにつながります。

水／プール／どろんこ／感覚／雨の日

環境Check

子どもの姿を見て、どれくらいの水の負荷が適切か判断し、水の量を調整しましょう。

もっと夢中になる! 広がる!

ピンポン球や魚型のしょう油入れで

慣れてきたら、ボールをピンポン球に変えてみましょう。更に展開して、魚型のしょう油入れにします。小さくなり、色も水中で見えづらくなっていくので難易度が上がります。

プール

3歳児 プールでまねっこ遊び
水を使って大変身！

準備物：なし

あそびのPoint
保育者は、子どもから出てくるいろいろなアイディアを生かしましょう。水に触れながら自分のアイディアを体で表現する中で、プール遊びが楽しい経験となります。

遊び方　動物の動きをまねして遊ぶ
みんなでプールに入り、いろいろな動物の動きをまねしてみましょう。動きの小さい動物から、だんだん大きな動きの動物にしていきます。

ラッコ 水位が低いプールに寝転がります。足を使って少し進んでみましょう。

環境Check まずは、浅いプール（10～15cmほど）にしておきます。水を少しずつ体で感じながら、水慣れしていくようにします。

ワニ 両手を使い、腹ばいて前に進んでいきます。

カエル 両手を着いて、跳び上がりましょう。

ヒトデ 両手足を広げ、あおむけの状態からひっくり返りましょう。

ゾウ 大きく足を上げて、ドーン！と足踏みしましょう。

✦ もっと夢中になる！広がる！ ✦

子どもの膝くらいの水位で 水の深さを利用して、他にもいろいろなもののまねをして遊んでみましょう。

だるま 足を抱えて転がります。

洗濯物 スーッと流れて、保育者の合図でストップします。力を抜いて浮いてみましょう。

バス 「右に曲がりまーす」の声で、みんなで右側にドボンと入ります。

ロケット 「3・2・1・0！」でジャンプします。

魚に変身！ スズランテープに重り（水を入れた2ℓのペットボトル など）を付けて水草を作ります。顔を水につけてみると、水草が見えて魚になった気分です。

3・4歳児 ボトルゲットゲーム

ペットボトルに向かってゴーゴー!!

準備物
- ペットボトル（350ml、500ml、1ℓ、1.5ℓ）
※水を入れて、空気を完全に抜いておきます。

遊び方　ペットボトルを一番早くゲットできたら勝ち

1 プールの端にペットボトルを4本沈めます。4人の子どもが反対側から一斉に取りに行きます。

あそびのPoint
水の怖さを感じず、懸命にペットボトルを取りに行く、このような子どもの姿が見られると、水慣れが大分進んだことが分かります。

2 子どもは4本中どれかを取ったら、必ず取ったことを声に出して言い、手を上げましょう。見ている子どもも分かりやすいです。

あそびのPoint
ペットボトルの重さの違いに気付いたり、水中での重さと水面から持ち上げたときの重さの違いを感じたりして、遊びの中で不思議に思うことを大切にしましょう。

3 ペットボトルの位置を変え、交代して次の子どもがスタートします。

もっと夢中になる！広がる！

ゲーム性をもたせよう
ボトルキャップに1・5・10点など点数を記入しましょう。また、ペットボトルの数を増やしてグループ対抗にし、ゲーム性を高めていくことも楽しいです。

環境Check
子どもの体温やプールの水温の変化を考慮し、プールの広さを確保できないときは、半数はプールの外から応援するなど配慮しましょう。

プール

うごうごトンネル

3・4歳児 / トンネルが動く〜！

準備物：なし

あそびのPoint
自分の役割を楽しむことと、みんなでルールの共有に慣れていくことも大切です。

遊び方　トンネルチームがうごうごチームを通す

※ひとクラス20人の場合

1 トンネルチーム（二人組×5）と、うごうごチーム（10人）に分かれます。トンネルチームは二人組で両手をつないでトンネルをつくり、プールの端で待機します。うごうごチームは一人ずつランダムに広がります。

2 「うごうごトンネルよーいドン！」でトンネルチームが手をつないだまま動き、うごうごチームの子どもの上を一人ずつ通過していきます。このとき、うごうごチームは動かずにしゃがんでおきます。

あそびのPoint
うごうごチームが動くのではなく、トンネルチームが手をつないで移動するところが楽しいです。水の抵抗で進みにくい中でも、二人で力を合わせて場の状況を確認しながら進んでいきましょう。

3 トンネルチームは全員を通過すると元の場所に戻ります。全てのトンネルが通過できれば交代します。

環境Check
遊び始めの時期と、慣れてきた頃の水の量に配慮しましょう。遊びの後半になると、浅過ぎると楽しみが半減するので、状況を見ながら判断していきます。

もっと夢中になる！広がる！

進み方に変化をつけよう
トンネルチームの進み方に変化をつけます。始めは立った状態、次に膝で移動、最後は小さくしゃがんだ状態で動いてみましょう。そうすることで、うごうごチームも自然に顔が水面に近づき、水慣れにつながります。

3・4歳児　オットト！水はこび！！

両手でしっかり運べるかな？

準備物：洗面器

遊び方　洗面器に水をくんで運び、次の子どもに水を掛ける

①先頭の子どもが洗面器に水をくみます。
②合図でスタートし、端まで行って戻ってきます。次の子どもは、戻ってくるのが見えたら背中を向けます。
③戻ってきたら次の子どもの背中に洗面器の水を掛け、洗面器を渡してバトンタッチします。①〜③を繰り返して遊びます。

あそびのPoint
洗面器にどれくらいの水を入れるとうまく運べるかを考えます。水中は負荷が掛かるので、自分で持ちやすい水の量を入れるように声を掛けましょう。

もっと夢中になる！広がる！
リクエストして掛けてもらおう
水を掛けてもらうところをリクエスト制にしてみましょう。「頭から！」「おなかにバチャッと！」など、自分でチャレンジできることを伝えて遊んでみましょう。

環境Check
バケツは持ち手があるため運びやすいですが、両手でしっかりと持って運べる洗面器のほうが遊びとしては適しています。チーム対抗の場合は同じ大きさの洗面器を使いましょう。

4歳児　ロケット発射！

水中からピューン！

準備物：ペットボトル

遊び方　ペットボトルを沈めて手を離す

飲み口を下にしてペットボトルを水中に沈めます。空気が入っているのでしっかりと握りましょう。手を離すとロケットのように勢い良く水中から飛び出します。
※飛ばすときは手を伸ばしてペットボトルを持ち、必ずペットボトルの側面を見ながら手を離しましょう。

あそびのPoint
どの角度だとよく飛ぶのか予想することや、思い掛けない所に飛んだときの発見を楽しみます。不思議を感じ、何度も繰り返したくなります。

環境Check
どの向きに飛ぶか分からないので、友達と少し離れて遊びましょう。

もっと夢中になる！広がる！
カラーボールで
カラーボールを沈め、手を離して水中から飛び出させます。飛んだボールをバケツでキャッチできるかどうか、試してみましょう。

プール

4歳児 😊 通り抜けるぞ〜
フープトンネル 足トンネル

準備物 ●フープ

🌱 遊び方 フープや足の間をくぐって遊ぶ

浅いプールでハイハイしましょう。大きいフープと小さいフープ、友達の足の間などを組み合わせてくぐっていきましょう。だんだん低くなっていくので、水面に顔が近付いていきます。

あそびのPoint

水の抵抗がある中でしっかりと手や膝を動かしてハイハイすることで、体幹が鍛えられます。

環境Check

水位が高いと、足の間をくぐるときに水中に潜らなければいけません。潜るのが怖い子どもがいるときは、水位を浅めにしておきましょう。

✦ もっと夢中になる！広がる！✦

フープをバトンに！くぐるリレー！

2チームに分かれ、二人組で1人がフープを持ち、もう1人がフープと相手の足の間をくぐります。くぐったらすぐに交代して、同じようにフープと足の間をくぐります。プールの端まで繰り返しながら進み、端に着いたら次の二人組に交代します。先に全員に回ったチームが勝利です。

4歳児 なべなべあそび

2人で一緒に立てるかな？

準備物：なし

遊び方
『なべなべそこぬけ』に合わせて、背中合わせで立ち・座りする

あそびのPoint
背中で相手を押すときに、手のひらや足の裏を使って後ろに力を集めましょう。力を調整する体の使い方を経験できます。楽しい雰囲気で友達と一緒に遊んでみましょう。

1 ♪なべなべそこぬけ そこがぬけたら かえりましょう

二人組になり、手をつないで左右に揺れ、「かえりましょう」で腕の中をくぐって背中合わせになります。

あそびのPoint
浮力によって、2人で立ったり座ったりする動作がしやすくなります。一緒に立つ感覚が楽しいです。

2

そのままプールに座ります。合図が鳴ると、背中で押し合いをします。次の合図で2人で同時に立ちます。

3 ♪なべなべそこぬけ そこがぬけたら かえりましょう

「かえりましょう」で向かい合わせに戻ります。

4 タッチをして次の相手を見つけましょう。

環境Check
水の量が少なくてもいい遊びの初期にたくさん遊びましょう。慣れてきた頃に水の量を増やします。その頃には、力の入れ方や遊び方などに深みが増してきます。

もっと夢中になる！ 広がる！

人数を増やして遊んでみよう
3〜4人組で同じ内容をします。背中からだけでなく、斜め方向からも押したり押されたりする力が生じます。時間を短めにするとめりはりもついていいでしょう。

※『なべなべそこぬけ』（わらべうた）

サイドタブ：水 / プール / どろんこ / 感覚 / 雨の日

プール

4歳児 ロンドン橋くぐろう
どんどんくぐれ〜！

準備物：なし
※人数が少ない場合は、フープを人数の半数分準備します。例えば14人クラスの場合、7人が1つずつフープを持ちます。

遊び方 『ロンドン橋落ちる』の歌で遊ぶ

※ひとクラス20人の場合
ロンドン橋チーム10人、くぐるチーム10人に分かれます。ロンドン橋チームは二人1組になり、向かい合わせで手をつないでロンドン橋をつくります。くぐるチームはプールの端からスタートします。

あそびのPoint
この遊びは、ロンドン橋チームがくぐるチームを捕まえるための遊びではなく、水慣れの一環としての遊びです。水を怖がらずに上手に体を小さくしてくぐっていくことが目標となります。

1 ♪ロンドンばしが おちる〜 さあ どうしま

この間に、くぐるチームは橋全てをくぐれるようにどんどんくぐっていきます。

2 ♪しょう

ロンドン橋チームは両手を下ろし、くぐるチームはくぐるのを止めて、元の場所に戻ります。役割を交代して繰り返し遊びます。

※『ロンドン橋落ちる』（イギリス民謡　訳詞／高田三九三）

環境Check

子どもはしぜんと中心の方に寄ってくるので、端まで広がるように声掛けをし、広々とした中で遊べるようにしましょう。

もっと夢中になる！広がる！

くぐる高さを変化させよう
ロンドン橋チームは膝立ちになり、くぐる高さを低くしてみましょう。
また、「うごうごトンネル」(P.52)と合わせて遊ぶと盛り上がります。

4・5歳児 お宝み〜つけた！
お宝探しで大競争

準備物：●お宝（ビー玉、おはじき、発泡トレイ　など）、油性フェルトペン

遊び方　水中に沈んだお宝をたくさん見つけたほうが勝ち

プールの中にお宝を沈めておきます。2チームに分かれて、お宝の数を競いましょう。色によって点数を変えるなど、逆転要素を入れます。

あそびのPoint

お宝を見つけたいという思いから、積極的に水中に顔をつけたり潜ったりする姿が見られ、しぜんと水で遊ぶ楽しさを感じられます。

環境Check

水へ苦手意識のある子どもがいる場合は、水面に浮く物（発泡トレイに絵を描いて切った物など）を準備しましょう。潜って取る物と一緒に使うことで、みんなで楽しめます。遊んだ後は他のクラスもプールを使用するので、お宝の数を確認しましょう。

もっと夢中になる！ 広がる！

箱メガネでのぞいてみよう

箱メガネを使って水中をのぞくと、水中のお宝がはっきりと見えることに驚き、楽しくなります。保育者が作った土台に装飾をして、マイ箱メガネを作って遊んでみましょう。

準備物：●角型のペットボトル（2ℓ）、ビニールテープ、透明ポリ袋、セロハンテープ、カッターナイフ

〈作り方〉[箱メガネ]
① カッターナイフでペットボトルの上部と底を切り取った物を、更に半分に切る。
② 一方の切り口をビニールテープでカバーする。
③ もう一方の切り口に透明ポリ袋をかぶせてピンと張り、セロハンテープで留め、上からビニールテープを貼る。

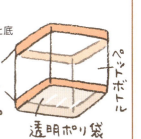

プール

4・5歳児 とったぞー！ プールでかるた

準備物
- 厚手の透明テーブルクロス、油性フェルトペン
※テーブルクロスは手のひらサイズの大きさに（10枚程度）切っておきます。

遊び方　保育者が示した絵札を探す

油性フェルトペンでみんなで絵を描いて絵札を作ります。プールの底まで絵札を沈め、保育者が示した絵札を潜って探します。

あそびのPoint
絵札を見つけるのが水面越しのため、机の上で遊ぶよりも難しく、おもしろさが倍増します。

環境Check
絵札は最初浮いていますが、水を掛けるとゆっくりと沈んでいきます。浮く物、沈む物をたくさん見て、触れて、不思議を感じていきます。

もっと夢中になる！ 広がる！
水位を高くしてみよう
プールが深くなると、潜ったときに目を開けないと取れなくなるので、難易度が高くなります。

4・5歳児 ワニさんみたいに歩けるかな？ ワニ歩きタッチ

準備物 なし

遊び方　ワニ歩きで進み、向かいの子どもにタッチする

2チームに分かれます。ひとチームはお山座りをし、両手を水中で前に出しておきます。もうひとチームはワニ歩きて向かいの子どもの手にタッチします。人数に応じて、タッチする子どもは複数でもOKです。交代して繰り返し遊びましょう。

あそびのPoint
ワニ歩きをするときは、足をピンと伸ばしてみましょう。体が浮き上がり、腕支持でしっかりと進んでいくことができます。

環境Check
プール遊びの時期によって子どもの水慣れの度合いが違います。水慣れが進み、水量が増えていくにつれて子どもの楽しみ方も変わるため、気付きに変化があります。

もっと夢中になる！ 広がる！
水面の高さを変えよう
始めは顎の下、次は鼻の下、その次は目の下と水面の高さを変えていきましょう。

4・5歳児 プチプチシートの巨大生物

💬 プールに怪物が現れた〜！

準備物：プチプチシート、カラーセロハン、ポリ袋、ビニールテープ など

遊び方
プチプチシートの巨大生物を作り、プールに持ち込んで遊ぶ

1 カラーセロハンをプチプチシートで巻いたり包んだりします。それらをビニールテープでくっ付けながら、思い思いに巨大生物などを作ります。

2 みんなで作った巨大生物をプールに持ち込んで遊びましょう。

あそびのPoint
一人ひとり作ってもいいですが、みんなで話し合って設計図を作ると、協力しながら製作を進められて楽しいです。

あそびのPoint
プチプチシートなので、どれだけ大きくても水に浮くのがおもしろいです。

環境Check 作りたい大きさの物が形になるように、製作素材を十分な量準備しましょう。

✦ もっと夢中になる！広がる！ ✦

暴れだしたぞ〜！
プチプチシートの隙間にホースを通したり、荷造りひもでホースの先端にたこの足を結んだりしてみましょう。こっそり蛇口をひねると、水の勢いで足が動いたり、水が出たりして巨大生物が暴れだすようです。

（縦書き）水 / プール / どろんこ / 感覚 / 雨の日

 プール

4・5歳児 立って座って波起こし
波を起こせ〜!!

準備物
- ペットボトル（2ℓ）
※ペットボトルに、水の中で真っ直ぐ立つくらいの量の水を入れておきます。
※ボトルキャップに旗などの目印を付けておきます。

遊び方　立って座って波を起こし、相手の陣地にペットボトルを流す

プールの中央に、ペットボトルを3本置いておきます。子どもは2チームに分かれ、チームごとにプールの両サイドに分かれて壁際に並びます。その場で立ったり座ったりして波を起こし、ペットボトルを相手の方に流します。30秒から1分程度で行ない、中央を境にペットボトルの数が少ないチームが勝利です。

環境Check
強い波を起こすには大きな力が必要です。どのように波を起こすのかを相談するために、4・5歳児の子どもたちだからこそできる作戦会議の時間を取ってみましょう。

あそびのPoint
波を自分で起こすおもしろさや、波で物が流れるという発見などが楽しい反面、水や波の怖さも感じます。4・5歳児だからこそ、遊びの中で水の楽しさや怖さを知る経験を大切にしましょう。

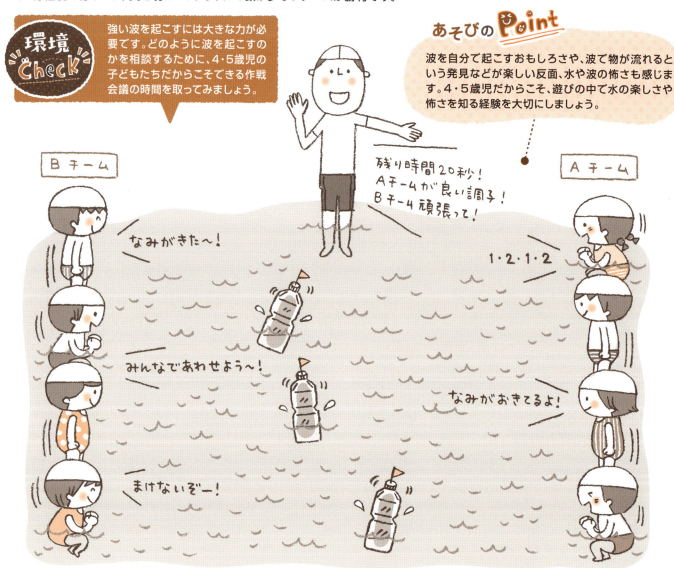

もっと夢中になる！広がる！

手で水をかいてみよう
残り時間10秒で手を使って水をかくのもOKにします。波の勢いが増して、楽しさもアップします。

5歳児 クラゲなげなげ

いっぱい投げ込んだほうが勝ち！

遊び方　相手の陣地にクラゲをたくさん投げ込んだほうが勝ち

2チームに分かれ、なわばりロープで陣地を2つつくります。相手の陣地に向かって互いにクラゲを投げ合い、保育者が「ストップ！」と言ったら終了です。相手の陣地にクラゲを多く投げ込んだほうが勝ちです。

準備物
- ペットボトル、スズランテープ、布テープ、ポリ袋、新聞紙

〈作り方〉

[なわばりロープ]
ペットボトルの両側面に布テープでスズランテープを貼り、ペットボトルをたくさんつなげる。

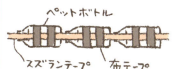

[クラゲ]
ポリ袋の中に新聞紙を入れて口を結ぶ。

※代わりにボールを使ってもOKです。

あそびのPoint
水面に浮いたなわばりロープの境界線がゆらゆらと動くので、ゲームが更に盛り上がります。

環境Check
遊びに必要な範囲に合わせて、ペットボトルの大きさを変えましょう。

もっと夢中になる！広がる！

なわばりロープを活用して

なわばりロープを挟んで片側にクラゲを全て置き、なわばりロープをくぐる、またぐなどしてクラゲを取りにいくのも楽しいです。

プール

5歳児 なみひげ
😊 水なんてへっちゃら！

準備物：なし

遊び方
『とんとんとんとんひげじいさん』の歌に合わせて波を起こす

A・Bの2チームに分かれて、それぞれプールの端に並びます。

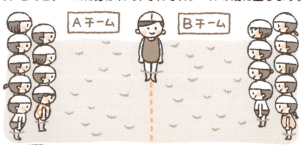

あそびのPoint
小さくなってしゃがむと、顔と水面が近いので、立っているときよりも波を感じます。遊ぶ中で水への恐怖を取り除き、自信をもって楽しいプール遊びに取り組めるようにします。

環境Check

波を起こすには、大きな力と水の深さが必要です。プールの水が浅くなりすぎないよう、水の量を十分にし、子ども同士で力を合わせて波を起こせるようにしましょう。

① ♪とんとんとんとん

Aチームがプール中央まで歩きます。だんだんと波が起こります。このとき、Bチームはプールの端で小さくしゃがんだままでいます。

② ♪ひげじいさん

Aチームは中央まで来たら、ひげじいさんのポーズをします。

♪とんとんとんとん〜

Aチームは大急ぎで戻って小さくしゃがみ、同時にBチームが中央まで行き、こぶじいさんになります。

ポーズ

♪こぶじいさん	♪てんぐさん	♪めがねさん	♪ては うえに	♪ては おひざ

その後も、A「てんぐさん」→B「めがねさん」→A「ては うえに」→B「ては おひざ」というように、交互に中央に行って戻ることを繰り返して遊びます。

※『とんとんとんとんひげじいさん』
（作詞／不詳　作曲／玉山英光）

もっと夢中になる！ 広がる！

同時に波をぶつけよう
「ひげじいさん」のときに同時に中央へ行って急いで戻り、同時に波をぶつけて遊んでみましょう。

5歳児 プールで『ロンドン橋』♪
もぐりっちょ・またぎっちょ

準備物：なし

遊び方
『ロンドン橋落ちる』の歌に合わせて、潜ったりまたいだりする

※ひとクラス20人の場合
二人組を5チームつくります。

あそびのPoint
二人組の子どもは歌のときに回って楽しむ、一人の子どもは潜ってまたいで楽しむというように、それぞれの立場で始めから終わりまで遊びに集中することができます。

1 ♪ロンドンばしが おちる〜　ロンドンばしが おちる

二人組は向かい合わせで手をつなぎ、歌が始まったらその場でリズムに合わせてぐるぐる回ります。残りの子どもは歌の間、一人ひとり手拍子をしながらランダムに動きます。

2 ♪さあどうしましょう

あそびのPoint
潜りやすいように相手を気遣うことや、3人でやり取りする中で関係性を深めること、水を怖がらずに自信をもって取り組んでいくことなどを、ねらいとして遊んでみましょう。

二人組は手をつないだまま水面に橋をつくります。一人の子どもは歌が終わった瞬間、潜って橋をくぐり、橋の中（両手つなぎの間）に入って立ち上がり、またいで出ます。これを5か所で遊びます。役割を交代して遊びましょう。
※人数が増えても5か所で行ないます。人数が少ないときは減らしましょう。

環境Check
水の量を多めにすると楽しいです。水や潜ることへの恐怖心がなくなるように、少しずつ水慣れをしておくことが大切です。プール遊び後期に楽しみましょう。

もっと夢中になる！広がる！

潜って抜けよう
「♪さあ どうしましょう」でくぐるときに、橋の中に入らずそのまま抜けましょう。その後に橋を大股でまたぎます。少しの変化で「え〜っ！」と言いながらも、うれしそうに取り組む子どもの姿が見られるでしょう。

※『ロンドン橋落ちる』
（イギリス民謡　訳詞／高田三九三）

水／プール／どろんこ／感覚／雨の日

5歳児の なるほど水実験室

子どもが「なるほど！」「おもしろい！」と思う、簡単ですぐできる「水」を使った実験遊びを紹介します。

実験 ぐるぐるボトルの渦巻き

水がいっぱい入ったペットボトル（1.5～2ℓ）で渦巻きをつくるにはどうすればよいでしょうか？

じめんにかいたらどっかな！？
そうだ！

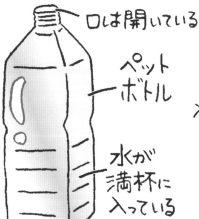

口は開いている
ペットボトル
水が満杯に入っている

くるくるまわしたらいいのかな？
うーん…
くるくるくる

ぐるぐる
逆さにして手で持って回すと
うずがまいてる!!

ペットボトルを上下逆さにし、側面を両手でしっかりと持って、中心をぶれさせないようぐるぐる速く回します。回しながらペットボトルの中を見ると、中心を貫くように渦巻きができている様子が分かります。

なるほど＊メモ

ぐるぐるとペットボトルを回すと、中に渦巻きが起こる現象は台風やハリケーンなどの自然現象とつながるものがあります。科学遊びをきっかけに、自然の不思議を考えてみると子どもの関心が深まります。

第3章 どろんこあそび

どろんこあそびの魅力

感触が気持ち良く、形を作ることもできるのが最大の魅力です。感覚を楽しむ遊びから造形へと遊びを変えていくことができるので、保育での展開が期待できます。

幼児の育ちと配慮

砂・土と水を掛け合わせるとどのような物になるのか、子どもなりの探究心からくる遊びの発展こそが、子どもの育ちといえるでしょう。何が必要なのかを子どもが考えられるように、言葉のやり取りをして進めていきましょう。

乳児の育ちと配慮

触れることすら初めての子どももいるでしょう。少しずつどろんこが気持ちの良い物であり、触っていると不思議な感覚がすることに気付いていけるといいですね。誤飲・誤食に気を付け、砂場などの衛生面にも配慮しましょう。

保育者間の連携 〜安心・安全のために〜

はだしで遊ぶことが主になると思います。子どもが踏んで危険な物がないか、また、玩具の破損状況などを保育者間で確認する必要があるでしょう。砂場などにネコなどの糞がないか、園の周りが田畑である地域ではヘビがいないかなども、十分に確認しておきましょう。

発達に合わせた道具の使い方

どろんこ遊びは、いろいろな道具を使うと遊びが深まります。発達段階によって使いやすい道具があり、使い方も変わります。子どもがどろんこ遊びにもっと夢中になるよう、年齢に応じた道具の使い方を見ていきましょう。

使える道具を知ろう

既製品
スコップ/シャベル、おたま、バケツ、目の粗い/細かいふるい、型抜き、コテ

より盛り上がる！
たらい、ベニヤ板、園芸用支柱、雨どい、じょうご、ホース

廃材 — 再利用できる！
ペットボトル、プリンカップ、牛乳パック、発泡トレイ

自然物 — イメージが膨らむ！
葉っぱ、木の実、小枝

廃材を取り扱っている企業や保護者に協力してもらうことで、おもしろい素材が手に入ることもあります。「使えそうにないけどたくさんある物」は、保育者の発想で安全に楽しく遊びが広がるように工夫しましょう。

使ってみよう

2歳児

●バケツとスコップで

お気に入りのバケツとスコップを手に持ち、好きなだけ砂をバケツに入れたり、水を混ぜたりしながら遊びます。重くて運べなくなることも学びのひとつです。砂からどろんこへの変化を十分に楽しんだ後に、型抜きなどに挑戦してみましょう（『プリンdeおもちゃ』P.70参照）。

保育者メモ

複数の道具を使わなくても、遊ぶたびに変化する砂などに一喜一憂する姿が見られます。道具の取り合いでトラブルになることも多いので、同じ物を複数準備できるといいですね。

3歳児

●見立て遊びに

砂やどろんこを何かに見立てて遊ぶ様子が見られます。泥水をすくって「コーヒーできたよ」と持ってきたり、どろだんご(P.80、P.82〜83参照)を作ってみたり、バケツの中のどろんこをひっくり返し、木の実や花びらなどケーキ(P.80参照)を作ったりします。遊びがダイナミックになるのもこの頃です。

保育者メモ

汚れてもよい服や靴で遊ぶことを保護者へ丁寧に説明しておくことが必要です。また、自分で着替えられるように、保護者へは自分の衣服だと分かるように名前や印を入れてもらったり、子どもと一緒に用意してもらったりすることを伝えます。園としては、置いておく場所に子どもの目印を付けておきましょう。

4歳児

●いろいろな道具で工夫して

様々な道具を必要に応じて使い分けるようになってきます。例えば、平らにしようとするときにコテを選んだり、ボールが転がるような溝を作るときには、おたまを砂に押し付けて溝を作ったりしています。

保育者メモ

子どもが道具を自分なりに工夫している姿が見られたときには、その姿を認めることばがけをしたり、なぜそうしたのかを尋ねてみたりしましょう。周りの子どもも気付けるように援助できるといいですね。

5歳児

●遊びが更に広がる

子ども自身がより工夫をして遊びを広げていきます。例えば、室内で絵を描いた物を雨どいや砂山に置いて水を流し、すべり台のように滑らせて遊ぶ(P.26・P.74「もっと夢中になる!広がる!」)など、別の遊びをつなげて遊ぶ姿が見られます。また、遊んでいる最中にひらめいた物を様々な素材を用い、作って試します。

保育者メモ

5歳児の遊びが展開していくように、十分な道具や材料を準備し、安全に持ち運びができるように考えておく必要があります。

ここから始めてみよう♪ どろんこあそび プチシリーズ

どろんこでダイナミックに遊ぶ前に、簡単にできる「プチ」どろんこ遊びを紹介します。

2歳児 スコップですくって、運んで

スコップで砂をすくってみましょう。少しずつすくったり、スコップの上に山盛りにすくったりしてみましょう。すくった砂を向こうまで運べるか、挑戦です！

1・2歳児 どっしん、どっしん、恐竜さん

保育者がプリンカップなどに砂を入れて、ケーキを作っていきます。子どもは恐竜になったつもりで、どっしんどっしんと壊していきます。手で潰したり足で踏んだりして、伸び伸びと遊びましょう。

3歳児 砂・土ってなんだろう？

砂・土を触る3歳児に、保育者はいろいろな問い掛けをしていきましょう。「触るとどんな感じがするかな？」「においはどうだろう？」「砂を集めてお山ができるかな？」「土は冷たい？　温かい？」「水を掛けたらどうなるかな？」…子どもが五感をしっかり働かせながら遊べるように見守ります。

4・5歳児 いろいろどろんこ作り

砂にたっぷり水を入れてもどろんこにはなりません。砂以外にもいろいろ混ざった土は、水分を含むとドロドロになります。にゅるにゅる、ドロドロ、べとべとなど、好みの感触のどろんこを作ってみましょう。

2歳児 砂と魔法の水で…

プリンカップなどの型の中に砂を入れてひっくり返します。少しトントンとして容器を取ると、砂で形ができました。砂だけだと、容器を取ったときに崩れてしまうかもしれません。水を入れてみると…上手にできるかな？

4歳児 手形を作ろう

少し硬めのどろんこを用意します。コンクリートなどの上に、手のひらを思い切り開いてのせ、手首からしっかりとどろんこをかぶせます。埋めた手をゆっくり上げていくと、どろんこの中に手形が現れます。

4・5歳児 砂盤浴

日ざしの強い午前中、たらいの中に底が見えなくなる程度の量の砂を入れます。日なたに置いておきましょう。午後、はだしで入ってみると、とっても温かくなっています。
※まず、保育者が入って試しましょう。金属のたらいは不可です。

どろんこ

0・1歳児

夏にぴったりタプタプどろんこ

さらすなタップン・トップン

準備物:●大きめのたらい

遊び方 さら砂で作ったどろんこの気持ち良さを感じる

さら砂を集めてたらいに入れます。水を入れてタプタプのどろんこをたくさん作ります。できたどろんこに手で触れたり、足を入れたりしてみましょう。

あそびのPoint

どろんこに触れることは感覚遊びにもなりますが、まずは暑い夏を気持ち良く過ごせるように、どろんこの気持ち良さを一緒に体感していけるように配慮しましょう。

環境Check

たらいの大きさに配慮しましょう。また、数が足りないときは口を開けた牛乳パックなどで囲いを作り、中に水を入れて囲いが動かないようにします。そこに砂と水を入れてどろんこを作りましょう。

もっと夢中になる！ 広がる！

ひとり遊びにも

牛乳パックなどにどろんこを入れて手や足を中に入れると、ひとり遊びとして、思い思いのどろんこ遊びの時間を過ごせます。

2・3歳児

おいしそうなプリンを作ろう♪

プリン de おもちゃ

準備物:●プリンの空き容器、自然物（石や葉っぱ など）、砂場の玩具

遊び方 プリンの空き容器で砂を型抜きして遊ぶ

プリンの空き容器に砂を入れて型を抜き、本物のプリンに見立てます。できたプリンに石・葉っぱなどの自然物や玩具をのせてデコレーションをします。たくさん作ってみましょう。

あそびのPoint

同じことを根気良く続けていくことで遊びに対する持続性が高まり、だんだんと集中できるようになってきます。

環境Check

細かくちぎった葉っぱ、木の枝、砂場の貝殻、小石などの自然物や、ボトルキャップ、プラスチック製のスプーン、切ったストローなどがあると、イメージをもって遊べます。

もっと夢中になる！ 広がる！

お店屋さんごっこに

「プリン1つください」など、保育者からことばがけをしてやり取りが始まるように援助してみましょう。

1歳児・異年齢児 おにいさん、おねえさんと一緒に
砂場の川にポチョン！

準備物：スコップ、バケツ

遊び方　異年齢児で足湯を楽しむ

異年齢児と一緒に砂場で川作りを楽しみましょう。スコップで砂場を掘ったり、バケツで水を運んだりします。みんなで作った川にそっと足を入れて、足湯をしてみましょう。保育者も一緒に楽しみます。

あそびのPoint

1歳児が砂や水に触れる機会に異年齢児と一緒に活動することで、より一層砂や水を使った遊びが楽しくなります。

環境Check

1歳児は、異年齢児が楽しく砂遊びをしている様子を見て、少しずつ興味をもちます。遊びに興味をもつ様子を捉えて、さりげなく一緒に遊べるように援助しましょう。

もっと夢中になる！広がる！

じょうろで足にチョロチョロ…

足に少しずつ、じょうろで水を掛けてみましょう。水が足を伝っていくのが気持ち良いです。

水／プール／どろんこ／感覚／雨の日

どろんこ

2歳児 すなすなペッタン

砂がくっ付く〜！

準備物: ● たらい、砂場の玩具

遊び方 ぬらした手に砂を付ける

1 水が入ったたらいに手を入れます。

環境Check 砂をふるいに掛けるとき、目の粗い物と細かい物を分けておくと、その違いを楽しめます。

2 次に砂が入ったたらいに手を入れ、手に砂をくっ付けます。てんぷらの衣のように手に砂がたくさん付くのを楽しみましょう。

環境Check 砂場の玩具を近くに置いておきましょう。保育者が玩具をぬらして砂をまぶすのを見せると、てんぷらごっこなどに発展するかもしれませんね。

3 再び水の中に手を入れ、繰り返し遊びましょう。

あそびのPoint 遊びを通して、ぬれている手で砂に触れるとくっ付くことや、手に付いた砂はパンパンとはたいたり、再び水の中に入れたりすると落ちることなどを経験します。

もっと夢中になる！広がる！

園庭で試してみよう

遊びに慣れてきたら、園庭の地面に手を付けてみて、砂がくっ付くかどうか試してみましょう。どこの砂がたくさん付くのか、探して遊ぶのもおもしろいです。

3歳児 | どろんこをぺたっとくっ付けて
ボディ泥ンティング

準備物
- どろんこ
※砂・土に徐々に水を足していき、ちょうど良い感触のどろんこを見つけましょう。

遊び方　どろんこを腕や顔に付ける

軟らかいどろんこを腕や顔に付けてみましょう。最初はひんやりとしていますが、だんだんと温かくなってくる感覚を楽しみます。

あそびのPoint

しばらくすると乾いて色が変わり、更に時間がたつとひび割れてきます。どろんこの変化や不思議を体で感じられるのが楽しいです。

環境Check

「園庭の土はどんな感触かな？」「水を加えると、どんな感触に変わるのかな？」と、プランターや畑の土などとの違いを比較できるような工夫があるといいですね。

もっと夢中になる！広がる！

はだしてどろんこ足踏み！

大きなたらいにたくさん土を入れて、上からはだしでのってみましょう。少しずつ水を足していき、その場で足踏みをしてみましょう。

3歳児 | どろんこがむにゅっと顔を出す
ぎゅっと どろろんてん

準備物
- ラップ芯（直径の大きい物、小さい物を各1本）、ビニールテープ

〈作り方〉
小さいラップ芯の片側をビニールテープなどで蓋をする。
※直径の小さい物がない場合は、展開した牛乳パックで筒を作って代用しましょう。

遊び方　ところてん式にどろんこを押し出す

直径の大きなラップ芯を平らな所に立て、上からどろんこを詰めていきます。しっかり詰めたら、ところてんの要領で直径の小さい芯を使って押し出します。繰り返し遊びましょう。

あそびのPoint

どろんこを詰めていく途中でラップ芯を浮かすと、下から出てきてしまいます。慎重に遊びを進める中で、いろいろなことに注意を払う力がしぜんと身につくよう、時間を十分に取りましょう。

環境Check

保育者も一緒に遊びましょう。子どもたちの遊ぶ意欲が湧いてきます。

もっと夢中になる！広がる！

固めたどろんこを押してみよう

ラップ芯に詰めたどろんこを数日間乾燥させてみましょう。固まったら押し出してみます。押し出すのに必要な力の強さや、出てきたどろんこの違いを見てみましょう。

 どろんこ

3〜5歳児 水がにじむ様子にびっくり！

砂山から水がじわ〜っと！

準備物 ●ペットボトル（2ℓ）、ホース、ビニールテープ

遊び方　砂山から水がにじんでくる様子を見る

ペットボトルじょうろのホース部分を砂山の中に埋め、水を注ぐペットボトル部分は頂上から見えるようにします。水をゆっくりと注いでいくと、砂山が少しずつ湿って水がにじんできます。

〈作り方〉[ペットボトルじょうろ]
ペットボトルの下部を切り、切り口にビニールテープを貼る。口に50cm〜1mほどのホースをビニールテープで固定する。
※ホースは数種類の長さを準備しましょう。

あそびのPoint
どうすれば水がにじむのか自分で考えて試行錯誤することを促します。

あそびのPoint
砂山からじわじわと水がにじむ様子をじっと観察します。水と砂の不思議をゆったりと楽しみましょう。

環境Check
様々な長さのホースを準備しておくことで、ホースを輪のように巻いて埋めるなど、子どもが工夫する様子が見られます。

もっと夢中になる！広がる！

砂山のすべり台
牛乳パックに絵を描いた物を山の中腹に差します。水がじわーっとにじみ出てくると、流れにのってすべり台のように滑ります。

3歳児　木の板の上でどろんこアート
どろんこ作品展

準備物：●木の板（ベニヤ板　など）

遊び方　木の板の上で、どろんこを使って好きな形を作る

木の板の上にどろんこを持ってきて、上から落としたり、ぎゅっと押し付けたりして、好きな形を作ってみましょう。

あそびのPoint
乾いた所から色が変わってきたり、固まっていったりするのがおもしろいです。

環境Check
いろいろな硬さのどろんこを準備しておきましょう。どのどろんこが作りやすいのかが分かってきます。

もっと夢中になる！ 広がる！

どろだんごを投げる
立てた木の板にどろだんごを投げると、板にくっ付いたどろんこがおもしろい模様になります。

4・5歳児　水を流すとしま模様が出現！
どろんこシマシマ

準備物：●トタン板（端や角を布テープで保護しておく）、ペットボトル、台

遊び方　どろんこを塗りたくったトタン板に水を流す

トタン板を傾けて坂にし、どろんこを塗りたくっていきます。坂の上から、トタン板にペットボトルの水を流していきます。トタン板のくぼみに水が流れ、それ以外はどろんこが残ります。繰り返し遊びましょう。

あそびのPoint
注ぎ口付近は水が広がりやすく、どろんこが流れていきます。その部分を今度は慎重に流していきましょう。子どもの柔軟な発想から生まれるいろいろな流し方を試し、集中して遊べるように見守りましょう。

環境Check
遊ぶ場所は2～3か所にし、どろんこを塗りたくりたい子どもはじっくりと、とにかく水を流したい子どもはダイナミックに遊べるようにしましょう。子どものペースなどを考慮して環境を整えていくことが大切です。

もっと夢中になる！ 広がる！

トタン板の上に山を作って
トタン板の上にどろんこで山を作ります。そこへ水を流していくとどうなるのか、チャレンジしてみましょう。

水　プール　どろんこ　感覚　雨の日

どろんこ

4・5歳児 サラサラさら砂 調査隊
良い砂、みつけたい！

準備物
- ふるい、ほうき、スコップ、空き容器、瓶

※子どもが主に活動する所には、日除けをつくっておきましょう。

遊び方　いろいろな砂の特徴を見よう
園庭にあるいろいろな砂を集めて特徴を調べましょう。ふるいに掛けたときに、色や粒の大きさの違いに気付いたり、気持ちの良い感触などを経験したりします。

あそびのPoint
日陰と日なた、園庭と砂場、畑の土など、場所によって砂が違うことを発見し、「もっと知りたい！」という意欲を引き出します。

環境Check
いろいろな目の大きさのふるいを準備しておきます。目の大きさによって、ふるいに掛けたときの小石や砂の状態の違いに気付きます。それぞれの粒を瓶に入れて、違いを比べられるようにしましょう。

もっと夢中になる！広がる！

みんなのさら砂マップ
それぞれが見つけたさら砂の場所を地図にして共有してみましょう。「ここ、まだだ！」と開拓したり、「ここの砂いいね！」と興味が深まったりしていきます。日なたと日陰、よく踏まれている所とそうでない所、マットを敷いている所などでも変化があることに気付けるようにしましょう。

4・5歳児 どろんこの中からみ〜つけた！

手探りで見つけられるかな？

遊び方 たらいいっぱいに入ったどろんこの中からお宝を探し出す

たらいいっぱいに入れたどろんこの中に、お宝を埋めておきます。子どもは手探りでどろんこの中からお宝を探し、見つけたお宝の合計点数を競います。

準備物
- 大きいたらい（1×1.5mほど）、牛乳パック、油性フェルトペン

〈作り方〉[お宝]
牛乳パックを四角形に切り、半分に折って貼る。油性フェルトペンで表に絵を描き、裏に点数を書いておく。

水／プール／どろんこ／感覚／雨の日

あそびのPoint
「どこにあるのかな？」と一番に見つけたくて、手探りで一生懸命に探します。

環境Check
たらいの中のどろんこは、手や指を傷付けないように、できるだけ滑らかな土で作ります。ふるいなどで小石を取り除きましょう。取り除いた小石はふるいの目の大きさに分けておくと、違った遊びにも使えます。

もっと夢中になる！ 広がる！

全部見つけたら完成！

「おなべ、じゃがいも、たまねぎ、にんじん、カレールー」のイラストを描いたお宝をどろんこの中に埋めておきます。全部見つけるまでにテーマを当ててみましょう。また、ロボットの頭・胴体・足を埋めておくと、子どもはロボットを完成させたくて一生懸命に探します。重要なパーツをたらいの下にそっと置いておいてもいいでしょう。

どろんこ

4・5歳児 思い切ってチャレンジ！
どろんこ山ボチャ〜ン！

準備物：スコップ、じょうろ、バケツ

遊び方　砂場に池を作って飛び込む

1 砂場に穴を掘り、掘った砂は固めて山にします。スコップでしっかりと固めましょう。山の高さ、穴の深さで高低差を付けます。

環境Check
保育者がある程度砂場を掘って山を作っていると、子どもは興味をもって取り組もうとします。子どもの気持ちをワクワクさせる環境づくりが大切です。

2 穴に水を流し込んで池を作ります。

3 山からジャンプして池にバチャーン！と跳び込んでみましょう。

あそびのPoint
子ども自身が穴を掘るので、深さを感覚的に知ることができます。自信をもって勢い良く跳び込み、解放的な遊びにチャレンジしてみましょう。

4 遊びが終わったら、みんなで穴を埋めます。

もっと夢中になる！広がる！

ダイナミックにボチャ〜ン！
遊びを繰り返していると、山から池に跳び込むことが平気になってきます。子どもに声を掛け、更に池を広げてダイナミックに遊びましょう。

4・5歳児 砂山火山の噴火にドキドキ！
ドロドロ、プシャー！ 砂山火山

準備物
- シャワーヘッド付きホース（水圧の調整ができる物）

遊び方 砂山にシャワーを仕掛け、火山の噴火に見立てる

大きな砂山を作り、頂上部分にシャワーを仕込みます。水圧を一番弱くし、みんなで「5・4・3・2・1…」とカウントダウンをして蛇口をひねると、「ドロドロドロ…」と、マグマのようにどろんこが流れ出てきます。または、水圧を一番強くしてみると、「プシャー！」と噴火したように水が飛び出ます。

あそびのPoint
大きな山を作るほどに、どろんこが流れていく様子がダイナミックになりおもしろいです。噴射する瞬間にドキドキしながら、みんなでにぎやかに遊びましょう。

あそびのPoint
山の頂上に仕込んで真上に噴射したり、中腹部に仕込んで園庭に向かって噴射したりすると楽しいです。

環境Check

ジェットの勢いで噴射すると、後ろを確認せずに下がる子どもがいます。子ども同士でぶつからないように配慮しましょう。

もっと夢中になる！ 広がる！

ジェット噴射だと思わせて…
「ジェット噴射するよ！」と言ってカウントダウンをしながら、一番弱い水圧にすると、意表を突かれて盛り上がります。霧状にして噴射するのもおもしろいです。

3・2・1、ポン！
ホースの先に柔らかいボールを詰めて栓をします。カウントダウンに合わせて蛇口をひねると「ポン！」とボールが飛び出て楽しいです。

水 プール どろんこ 感覚 雨の日

どろんこ

2〜5歳児 どろんこレストラン

どろんこでいろいろ作っちゃおう♪

準備物: 容器（バケツやおけ　など）、スコップ、ヘラ、ペットボトル、ポリ袋、牛乳パック(1/3の底側)、自然物（落ち葉や木の実　など）

遊び方　どろんこで好きな食べ物を作る

★おにぎり
どろだんごを俵形や三角形に握ったり、握った物に葉っぱを巻いたりすると、おにぎりのできあがり。

★どろだんご（P.82〜83参照）
軟らかいどろんこでおはぎ、硬いどろだんご、ザラザラのどろだんごなど、いろいろなどろだんごを作って並べます。

あそびのPoint
水をたっぷり使うとドロドロになり、きめ細かな砂を使うとツルツルになるなど、水や砂の量や種類を変えると、どろんこの状態が変わります。作りたい物によってどのように調整していくのか、子どもの試行錯誤が見られます。

★お好み焼き・ホットケーキ
ベニヤ板や盆を鉄板に見立てて、どろんこをヘラで押して平らにします。ひっくり返したり皿に移したりします。

★ケーキ
バケツに砂を入れ、水をゆっくりと注ぎ裏返します。スコップやヘラで穴をあけたり削ったり、落ち葉や木の実を飾ったりします。また、底を抜いたバケツを底側が上になるように置き、上から水と砂を入れていくと、丈夫なケーキができます。

★たこ焼き
小さなどろだんごをたくさん作ると、たこ焼きになります。葉っぱを刻んで青のりにしたり、枝を爪楊枝に見立てたりすると楽しいです。

環境Check
いろいろな大きさの容器、皿を準備しましょう。並べたり積み上げたりしていくなど工夫が生まれ、ダイナミックに遊んだり、皿に食べ物をのせてやり取りが生まれたりします。

環境Check
ポリ袋、牛乳パックを準備しておき、お気に入りの物はそれらに名前を書いて保管しておきます。

もっと夢中になる！広がる！

雨の日のクッキングに
どろんこを容器に入れてかき混ぜたり、平らにしてホットケーキを焼いているように見立てて遊んだりした経験を、雨の日のクッキングにつなげてみましょう。

5歳児 😀 どろだんごが砂山をダッシュ！

コロコロどろだんご

準備物：●砂場の玩具

あそびのPoint
転がすといろいろな疑問や好奇心が生まれ、砂・土の種類や硬さ、水の量、どろだんごの大きさ、転がす距離や傾斜など、子どもは試行錯誤して遊びを広げます。保育者は子どもの思いの実現や、変化していく子どもの遊びが継続するように援助しましょう。

💧**遊び方** 砂山からどろだんごを転がす

砂山を作り、頂上付近から下の方に向かって、1つの溝を掘っていきます。どろだんごを作って上から転がしてみましょう。（P.82〜83参照）

水　プール　どろんこ　感覚　雨の日

 環境Check

5歳児になると、様々な思いの中で道具を使い、器用になっていきます。砂場の玩具だけでも十分ですが、ペットボトルや牛乳パックなど身近な物を加えると、更に遊びに広がりが見られます。

✨ もっと夢中になる！ 広がる！ ✨

保育者が言葉にして
どろだんごに対する気持ちの込め方や、どろだんごの軟らかい・硬い、砂山の高い・低いなど、子どもの思いが実現できるよう、助言していきましょう。見ている周りの子どもはしぜんと一緒に楽しもうとしていきます。夢中になる方法は子ども自身から生まれることが多いです。子どもの姿をよく見て、遊びの広がりを一緒に楽しみましょう。

81

年齢別 どろだんご

子どもたちが大好きな「どろだんご」作り。その表現方法は年齢により変わります。それぞれの年齢の「どろだんご」を見てみましょう。

0・1歳児 どろだんごさわってみたい！

初めてどろんこと出会う0・1歳児。どろだんごを作ることよりも、まずは「触れてみたい！」という気持ちがあふれます。指でツンツン、ボロボロ…どろんこの不思議な感覚に興味津々！保育者が作ったどろだんごを食べるまねをして遊ぶ姿が見られるでしょう。

1・2歳児 手のひらにのせて…ほら、どろだんご

どろんこに慣れてきて、抵抗なく遊び始めます。手にのせて「みて！」と得意そうに差し出すどろだんごは、きれいな丸でなくても立派などろだんご。丸めるしぐさをしただけでも、どろだんご。子どものイメージに寄り添うことが大切です。

広場

みんなちがって みんないい！

3歳児 丸くできた！ チャレンジしてできた どろだんご

どろんこを見よう見まねで丸くすることにチャレンジ！ 丸く作れても、崩れても、小さくても、その子にとっては自分だけのどろだんごです。

4歳児 かた〜いどろだんごを作ってみよう

どろんこをギュギュッとしっかり握って丸めることができるようになってきます。乾いた砂も振り掛けて、硬いどろだんごを作ってみましょう。どろだんご屋さんやドーナツ屋さんごっこに大変身！ いろいろな遊びにつなげてみましょう。

5歳児 どろだんごで遊びがもっと広がる！

5歳児は、探究心が強くなり、どんどん遊びを広げていきます。どろだんごを作るだけでなく、どろだんごを使ってどのように遊ぶのか、言葉のやり取りをしながら取り組んでいきます。

5歳児の なるほど水実験室

子どもが「なるほど！」「おもしろい！」と思う、簡単ですぐできる「水」を使った実験遊びを紹介します。

実験 まか不思議ボトル

ペットボトルの上にドリッパーを置き、中にコーヒーフィルターとコットンを入れます。泥水を注ぐと透明な水がペットボトルの中にたまります。なぜ透明になるのでしょうか？

コットンやコーヒーフィルターが砂利などをろ過し、水だけがペットボトルの中に落ちていくので、透明に変化します。

なるほど＊メモ

泥水の不思議な変化に子どもは好奇心をくすぐられます。なぜそうなるのかを自分で考えてみる経験が大切です。子どもからいろいろな考えを引き出せるよう、一人ひとりの声に耳を傾けましょう。

第4章 感覚あそび

感覚あそびの魅力

子どもが不思議や心地良さを感じることができ、指先や手、足などの運動を促すこともできます。砂、どろんこにとどまらず、絵の具やシャボン玉液、水のりなども子どもの好奇心をくすぐります。年齢を問わず楽しめて子どもを夢中にします。

幼児の育ちと配慮

幼児の年齢では、造形遊びに発展していくのを意識するのもいいでしょう。何かを形作る、友達と一緒に作り上げる遊びを進めていくと、想像力や協同する力につながっていきます。

乳児の育ちと配慮

感触を十分に経験し、微細運動を促すといいでしょう。いろいろな物に興味をもち手で触れる繰り返しが遊びを深め、乳児が意欲的に活動する原動力となります。子どもをしっかりと見守りながら事故のないように進めましょう。

保育者間の連携 〜安心・安全のために〜

特に乳児は月齢の差が大きいので、1歳児で使っていた感覚遊びの玩具を0歳児の高月齢児で使ってみるなど、玩具や遊びの共有を試みましょう。そのような中で、保育者は遊びの年齢幅を理解していきます。声を掛け合い、協力して気持ち良く過ごせるように配慮していきましょう。

ここから始めてみよう♪ 感覚あそび プチシリーズ

感触、音、においなど、いろいろな感覚を簡単に楽しめる「プチ」感覚遊びを紹介します。

0・1歳児 つまんでビリビリ

色画用紙の上に画用紙か黒色画用紙を重ね、四辺に両面テープを貼って留めます。ハイハイやたっちの子どもなど、目線の高さに応じて保育室の壁面に貼り付けます。先を折り返したビニールテープを所々に貼っておき、引っ張って剥がすと、裏の色が見えるようになります。

1・2歳児 触ろう、鳴らそう、においてみよう

いろいろな形のマカロニやショートパスタ、大豆や小豆といった豆などの乾物を触ったり、空き缶や小箱に入れて音を楽しんだりしてみましょう。また、ゆでると感触が変化し、おいしいにおいもしてきます。

※この時期は、誤飲・誤食の可能性があるので、口に入れても問題ない素材を使いましょう。アレルギーのある子どもに配慮しましょう。

2・3歳児 秘密の袋

小さな巾着に入っている物を当てるゲームです。積み木や玩具、文房具、石、ボトルキャップなど、園内にある危険ではない物を巾着の中に1つ入れます。簡単そうなら、複数の物を入れて当ててみましょう。

3・4歳児 音探し

聴診器を使って遊んでみましょう。体や樹木の音から始めてみましょう。静かにすると、もっとおもしろい音が聞こえてきます。お勧めは、砂時計の砂が落ちていく音や、コップに氷を入れた後に水を入れたときの、氷にひびが入る音などです。

4・5歳児 なんでもフロッタージュ

コピー用紙の下に、葉っぱやコインを置いて、色鉛筆やクレヨンでこすり出しをしてみましょう。マスキングテープなどで紙に固定すると、より簡単になります。また、片段ボールやプチプチシートなど様々な素材を用意しておくと、子どもは自分で選んで繰り返し試します。

4・5歳児 においに名前をつけてみよう

夏野菜や樹木、野草などの葉っぱのにおいを嗅いでみましょう。葉っぱを少しもんでみると、においが強くなります。どんなにおいなのか話し合って、そのにおいに名前をつけてみましょう。ゴーヤやヘクソカズラがお勧めです。また、ミントなど爽やかな物もあると良いですね。

※かぶれる危険性や衛生的に問題がありそうな物は避けましょう。

4・5歳児 比べてみたら…発見!

紙粘土、油粘土、土粘土など、様々な種類の粘土を触って比べてみましょう。好きな感触はどの感触でしょうか? 同じ重さでは、どのくらい大きさが違うでしょう? 球や複雑な形を作るときには、どれが適しているでしょうか? 乾いたらどんな風になるでしょう? 比べることでいろいろな発見が見えてきます。

感覚

0歳児 牛乳パックとスポンジを使って
スポンジぐしゅっ！

遊び方　スポンジを上から押して、水が出てくるのを楽しむ

保育者がスポンジに水や色水を含ませておきます。子どもは台の前に座り、思い思いにスポンジに触れていきましょう。

準備物
- 牛乳パック6本、布テープ、両面テープ、木工用接着剤

〈作り方〉
[牛乳パックの台]
① 牛乳パック3本を、両端の2本の口を内側にして布テープでつなげ、2列分の台にする。
② ①の上にスポンジを等間隔に並べ、両面テープか木工用接着剤で固定する。

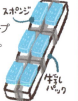

あそびのPoint
スポンジを握るのではなく、上から押さえる運動です。水がぐしゅっと出てくると、関心をもって繰り返し何度も押さえます。再び水を含ませると水が出てくる流れを楽しみます。

あそびのPoint
スポンジをパンパンたたいて遊ぶ子どもなどいろいろな子どもがいますが、子どもの姿を受け止め「お水、気持ち良いね」などとことばがけをしたり、手のひらで押さえる姿を見せたりしましょう。

環境Check
遮光ネットの下や軒下などで遊び、子どもの集中力が継続するように配慮しましょう。

もっと夢中になる！広がる！

牛乳パックの台で囲みをつくって

牛乳パックの台を4セット準備し、長方形の形にして布テープでつなぎ、ビニールシートの上に置きます。囲いの中に水を入れたり、スポンジに水を含ませたりしてみましょう。暑い夏の時季に安心して水慣れを楽しめます。

0・1歳児 ぷにょマット

いろいろな感覚がマットに！

遊び方 ぷにょマットの上をハイハイしたり、踏んだりする

初めは一人用のぷにょマットで遊びましょう。十分に遊んで慣れてきたら、袋をつなげて大きなマットにし、上にのって体全体で感覚を楽しみます。

準備物
- ジッパー付きポリ袋、素材（色水、ビーズ、小豆、木の枝、スーパーボール、紙粘土、おはじき　など）、布テープ、透明テープ　※踏んでも壊れない素材を使いましょう。

〈作り方〉
[一人用のぷにょマット]
ジッパー付きポリ袋を二重にし、素材を入れて口を布テープでしっかりと留める。…Ⓐ
[大きなぷにょマット]
Ⓐを幾つか作り、透明テープでつなぐ。

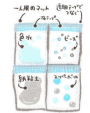

あそびのPoint

色水の気泡を見つけて指でつっついたり、素材の感触を確かめようと何度も触ってみたりするなど、いろいろな素材を使うことで、しぜんと様々な感覚を楽しめます。

環境Check
一人用はいろいろな色水を使いましょう。自分で好きな色を選べます。慣れてきたら大きなマットにすることで、大きさの変化に気付いたり、カラフルなマットに子どもは更に興味・関心をもったりします。

もっと夢中になる！ 広がる！

気泡を集めてみよう

一人用のぷにょマットに印を付けておき、気泡を集める目印にするとおもしろいです。

0・1歳児 タオルふみふみ

足裏でジュクジュクを感じよう

遊び方 ふみふみマットの上を踏んで、足裏で感覚を楽しむ

水を入れたふみふみマットを踏み、ジュクジュクとした感覚を足裏で感じます。その後、水の入っていないマットも踏んで、感覚の違いを交互に楽しみましょう。

準備物
- バスタオルやスポーツタオル、ジッパー付きポリ袋、水

〈作り方〉
[ふみふみマット]
①半分に折ったタオルを2枚重ね、ジッパー付きポリ袋の中に入れる。
②タオルがひたひたになるまで水を入れて口を閉じる。
③空気をしっかりと抜いて、口を布テープで貼る。（転倒防止にもつながります）
※水を入れないふみふみマットも準備しましょう。

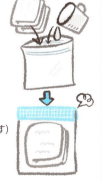

あそびのPoint

単にタオルと水を入れるだけでなく、子どもの姿をよく見て遊びを変化させます。例えば、ふみふみマットの下に丸めたタオルを入れ、凸凹にするなどです。

環境Check
タオルの枚数を増減させると、感覚に違いが生まれて子どもの好奇心が刺激されます。

もっと夢中になる！ 広がる！

水入りと水なしのふみふみマットを交互に並べて

交互に一直線で並べて置きます。歩いてみると、左右で踏んだ感覚が違うのがおもしろく、何度も繰り返し楽しめます。

感覚

0・1歳児

どろんこの種類で感覚が変わる！

どろんこてぶくろ

遊び方 どろんこてぶくろを触って、感覚の違いを楽しむ

3種類のどろんこてぶくろを触ったり、指先で押したり、ギュッと握ってみたりして楽しみましょう。

準備物
●ビニール手袋、輪ゴム、どろんこ、たらい、スコップ
〈作り方〉
[どろんこてぶくろ]
①水分が多めの「たっぷんどろんこ」、水分と砂・土のバランスがちょうど良い「むにゅむにゅどろんこ」、水分が少なめの「さくさくどろんこ」を準備する。
②各どろんこをビニール手袋の中に詰め込み、口を輪ゴムで縛る。

あそびのPoint

どろんこは水の量、砂の種類によって様々に変化します。指先や手のひらで感覚の違いを経験してみましょう。「軟らかいね、こっちは硬いね」などとことばがけをし、子どもと一緒に感じられるようにしていきましょう。

環境Check

最初は、ビニール手袋を保育者がはめて見せてあげましょう。その後、ビニール手袋にどろんこを入れていく様子を見ることで、手袋にどろんこが入るとどうなるのかなと関心をもち、しぜんと遊び始めるでしょう。

もっと夢中になる！広がる！

ビー玉を入れて
どろんこてぶくろの中にビー玉を1つずつ入れましょう。どろんこの感覚を楽しみながら、ビー玉をつまむのがおもしろいです。

ゴム手袋を使って
ゴム手袋にたっぷんどろんこを入れ、口を結束バンドで締めましょう。結束バンドはビニールテープで保護します。ビニール手袋で作ったどろんこてぶくろとの違いを感じましょう。

1歳児 ぎゅーっと握って
スポンジじゅわ～

準備物 ●スポンジ、たらい

遊び方 水を含んだスポンジを握る

大小様々なスポンジに水を含ませておきます。好きなスポンジをつかんだり、握ったりします。

あそびのPoint
ぎゅっと握ったときの感覚、水がじゅわ～と出てくる感覚、力を緩めるとスポンジがふわっと戻る感覚…いろいろな感覚を手のひらで感じることができます。

環境Check
大きさや形の違う物を準備することで、一つひとつ確かめようと更に興味をもって遊びます。お気に入りのスポンジが見つかるかもしれません。

もっと夢中になる！広がる！

絵の具がじゅわ～
水を含ませる前に絵の具を付けておきましょう。水を含ませて足で踏んでみると、じゅわ～と色水が出てきます。

1歳児 ひんやり、ぷるぷる気持ち良い～
ぷるるんカンテン

準備物
●粉寒天、水、食紅、保存容器、冷蔵庫、定規
〈作り方〉[ぷるるんカンテン]
①粉寒天2gに対して、水を100g入れてかき混ぜ、食紅を適量混ぜる。
②冷蔵庫で冷やして完成。

遊び方 色付き寒天を切ったり積んだりして遊ぶ

色付き寒天を定規などで半分に切ったり、細かく切ったりします。切った物を組み合わせて、積み木のようにして遊んでも楽しいです。

あそびのPoint
初めて遊ぶときは、ひんやりとした感覚が楽しく、握りつぶしてしまうかもしれませんが、それも楽しみの一つです。

環境Check
触るのが苦手な子どもは、周りの友達が楽しんでいる姿を見たり、不思議に感じる場面に出会ったりすると、自分から触ってみようとします。保育者は子どもの気持ちの変化に目を向けましょう。

もっと夢中になる！広がる！

取りたいけどドキドキ…
寒天の中に子どもが好きな玩具や、イラストを描いた厚紙に透明テープを貼った物などを入れておきましょう。寒天に苦手意識がある子どもが、興味をもてるようにします。

水・プール・どろんこ・感覚・雨の日

感覚

1歳児 — 絵の具をダイナミックに使って
カラフル絵の具をグィ〜ングィン！

準備物
- 机（大きめの台などでもOK）、水が少なめの絵の具、透明ビニールシート（厚手の物がいい）
※机に透明ビニールシートを貼り付けておきます。絵の具を何色かに分けて、机の上に流しておきましょう。

 遊び方 手で絵の具に触れて感覚を楽しむ

絵の具を手で塗り広げ、感覚を楽しみます。次第に範囲を広げていき、手のひらや腕で塗りたくって遊びましょう。

あそびのPoint
子どもは、最初は恐る恐る絵の具に触れますが、慣れてくると次第にダイナミックに遊ぶようになります。

あそびのPoint
絵の具が混ざり合ったときの子どもが驚く表情や声を見逃さないようにしましょう。そこからだんだんと、絵の具の感覚を楽しむ遊びから、色を混ぜて楽しむ遊びへと変化していきます。

環境Check
絵の具を触っていると、次第に水分が抜けて乾いてきます。適度に絵の具や水を足していきましょう。

環境Check
汚れてもいい服装で取り組む、遊んだ後にはシャワーをするなど、清潔に過ごせるように配慮しましょう。

もっと夢中になる！広がる！
片栗粉を加えて
水で溶いた片栗粉を入れてみましょう。色の混ざりと感覚の変化に、更に夢中になります。

0~2歳児　すべる紙の上でフィンガーペインティング
ツルツルぴよ～ん

遊び方　手指を使って絵を描き、半紙で押さえて版画にする

①カレンダーやポスターなどの光沢紙に、手指を使って絵の具を伸ばし、絵を描きます。0歳児は絵の具で遊ぶだけでもいいでしょう。
②半紙を絵の具の上から押さえ、版画のようにします。乾いたら飾りましょう。

準備物
- フィンガーペイント絵の具（手作りでも市販の物でもOK）、光沢紙（カレンダーやポスターの紙　など）
※手作りにすると、様々な色を作ることができます。

〈作り方〉[手作り絵の具]
①小麦粉100g、水1ℓ、塩少々、食紅を鍋に入れ、焦げないように煮る。
②とろとろになったら火を止め、十分に冷ます。

あそびのPoint
画用紙ではなく光沢紙を使うことで、描くときに指がつるつる滑っておもしろい感覚を味わえます。

あそびのPoint
いろいろな絵の具が混ざり合っている部分を半紙で押さえると、半紙に写った絵の具の色合いを楽しめます。

環境Check
半紙の他に、画用紙や新聞紙など、いろいろな紙を用意しておきましょう。子どもが自分で紙を選んで試すことができます。

✦もっと夢中になる！広がる！✦

ラップで押さえると…
半紙の代わりにラップで絵の具を押さえてみましょう。絵の具が伸びていき、色が混ざっていくのがおもしろいです。指で押すと絵の具が更に伸びて、変化を楽しめます。

水　プール　どろんこ　感覚　雨の日

感覚

1・2歳児

遊びが広がる万能アイテム！

シャカシャカポンポン

遊び方
シャカシャカポンポンを使って遊ぶ

あそびのPoint
1つの手作り玩具で遊びの展開を楽しみましょう。

準備物
- スズランテープ、ビニールテープ、たらい、ホース、木の板、バケツ、プラスチック容器、シャボン玉液

〈作り方〉[シャカシャカポンポン]
①スズランテープを厚紙などに巻き、抜いて上部にビニールテープを巻く。
②先を切ってほぐす。
※スズランテープの長さを変えたり、裂いたりしていろいろな種類を作りましょう。

1 シャワーごっこに
シャカシャカポンポンを水でぬらし、体のいろいろなところで動かしてシャワーごっこをします。

あそびのPoint
シャカシャカポンポンが乾いてきたら、再び水でぬらして体につけてと繰り返す中で、だんだんと水に慣れていきます。

2 たらいの中から取れるかな？
たらいにシャカシャカポンポンを浮かべ、ホースで水の流れをつくります。流れているシャカシャカポンポンを取って遊びましょう。

環境Check
たらいの大きさに対してシャカシャカポンポンの数を調整しましょう。

3 なぐり描きを楽しもう
木の板に水でぬらしたシャカシャカポンポンでなぐり描きを楽しみます。

環境Check
水の入ったバケツをたくさん準備すると遊びやすいです。

4 泡を作って遊ぼう
プラスチック容器にシャボン玉液を入れ、「♪シャカシャカ　あわあわ」と唱え歌をうたいながらかき混ぜて泡立てます。シャカシャカポンポンを振って泡を飛ばしたり、泡に触れたりして遊びましょう。

もっと夢中になる！広がる！
きれいな泡を作ろう　食紅を入れて泡立てると、きれいな泡がたくさんできて更に楽しいです。

2歳児

入れる素材で感触が変わる！

ふくろ・袋で七変化！

準備物: 圧縮袋、風船、カラーボール、水風船、掃除機、マット

遊び方 圧縮袋に風船やボール、水風船を入れて感覚の違いを楽しむ

風船
圧縮袋の中に風船を入れて、空気を抜きます。

①たたいたらどんな音がするのかな？

②上にのってバランスを取ってみよう。

③とても大きいけど、持てるかな？

カラーボール
圧縮袋にカラーボールを入れて、空気を抜きます。

④取りたいけど取れない…！

⑤寝転んでみよう。何か不思議な感じ！

環境Check 転ばないように、広い場所で柔らかいマットなどを敷いて楽しみましょう。

水風船
圧縮袋に水風船を入れ、空気を抜いてウォーターベッドを作ります。

⑥とても重いけど、持ち上げられるかな？

⑦寝転ぶと気持ち良い！

水 プール どろんこ 感覚 雨の日

あそびのPoint
袋の中身が変わると体に触れる感覚が変わることに気付き、それぞれに好きな感覚を楽しみます。

もっと夢中になる！ 広がる！

いろいろな風船を試そう！
半透明、パステル、光沢のある風船、縁日のヨーヨーなど、いろいろな風船を入れて試してみましょう。半透明だと透き通って向こう側が見えます。小さな風船をたくさん入れると、感覚に変化が見られます。

感覚

2歳児 たくさん差し込みたくなる！
ストローぎゅっぎゅっ

準備物：プラスチック容器、ストロー（10㎝くらいに切った物をたくさん）、どろんこ

遊び方　どろんこにストローを差し込む

ある程度細かな土に多めに水を加えてどろんこを作り、プラスチック容器いっぱいに入れます。どろんこにストローをどんどん差し込んでいきます。

あそびのPoint

どろんこの硬さが大切です。サラサラ過ぎるとストローが中に沈んでしまい、硬過ぎると入りません。子どもの姿をよく見ながら、どろんこの硬さに変化を付けていきましょう。

環境Check
土をふるいに掛けたり水を準備したりするなど、ある程度の量のどろんこをあらかじめ用意しておくとスムーズに遊べます。

もっと夢中になる！広がる！

みんなでストローを差し込んでみよう

ひとりで集中して遊んだ後は、少し大きなバケツやたらいなどにどろんこを入れて、みんなでストローを差し込んで遊んでみましょう。

2歳児 トロトロなのに、固まっちゃう！
ガチガチふわふわ片栗粉

準備物：片栗粉、水、食紅、たらい

遊び方　液体でも固体でもない不思議な感覚を楽しむ

戸外で行ないます。たらいに片栗粉と食紅を入れ、とろみが出てくるまで片栗粉に少しずつ水を加えていきます。手で触ってみましょう。
※室内で行なうときはビニールシートを敷いて、バットに入れて遊びましょう。

あそびのPoint

力を加えるとダイラタンシー現象で、粒子が変化して硬くなります。握り固めた後、手を広げると元の液体に戻ります。日常にはあまりない感覚が子どもの好奇心をくすぐります。

環境Check
子どもの「なんで？」「おもしろい！」という気持ちを大切に、日陰でゆったりと遊びましょう。また、個別の容器に好きな色の片栗粉を入れると、色が混ざって更に楽しいです。

もっと夢中になる！広がる！

ペットボトルに片栗粉を入れると…

ペットボトルに片栗粉を入れ、ゆっくりと傾けるとジワーッと流れていきます。振ってみると、そのまま固まります。振るのをやめるとまた、ジワーッと流れる様子を観察しましょう。

2歳児 思い切り表現しよう！
トイレットペーパー大変身！

準備物: トイレットペーパー、バケツ、水、洗濯のり（水のりでもOK）

遊び方　トイレットペーパーの質感や変化を楽しむ

① トイレットペーパーをちぎったり、丸めたり、投げたり、長くして揺らしたりするなど、思い思いに遊びます。
② ①で細かくなったトイレットペーパーを水の入ったバケツに入れてドロドロの粘土状にします。水を切った後、洗濯のりを加えて粘度を強くします。できあがったトイレットペーパー粘土で、いろいろな形を作って遊びましょう。
③ 思い思いに形を作ったら、乾燥させて作品として残します。

あそびのPoint
水や洗濯のりを加えると変化していく様子に興味・関心をもち、粘土の感覚を手で感じながら、自分の思いを表現していきます。

あそびのPoint
トイレットペーパーを使って全身で思い切り遊ぶことで、解放的な気持ちになって夢中で楽しみます。

環境Check
洗濯のりを加えるときには、製作用テーブルクロスを机に敷いて、椅子に座ってゆったりと遊んでみましょう。

環境Check
トイレットペーパー一巻でも、とても楽しく遊べます。広いスペースを確保しましょう。

もっと夢中になる！広がる！
絵の具を加えて　洗濯のりと一緒に絵の具を加えて色を付けてみましょう。いろいろな色の粘土を作ると、イメージが更に広がります。

水　プール　どろんこ　感覚　雨の日

感覚

3歳児 パリパリ軽〜い！ シュシュッとカラフルティッシュ

準備物：絵の具、霧吹き、ティッシュペーパー

遊び方 色水を染み込ませたティッシュペーパーで、好きな形を作って乾かす

①絵の具で作った色水を霧吹きでティッシュペーパーに吹き掛けて、色を染み込ませます。
②①を乾かします。まずは、①②を繰り返し遊びます。
③①②の遊びを十分に楽しんだら、何色か使って着色し、握ったり広げたりして好きな形を作ります。
④③を乾かします。

あそびのPoint
ティッシュペーパーが水を含むと軟らかくなったり、乾くと軽くなったりする変化に、好奇心がくすぐられます。

あそびのPoint
水を含んだティッシュペーパーはデリケートなので、色を塗るときは優しく塗りましょう。形作りのときは更に優しく扱いましょう。

あそびのPoint
乾かしている途中の湿っている状況は気になりますが、作った形がカチカチ、パリパリになるまで少し待つことを遊びの中で覚えていきましょう。

環境Check 各コーナーに分かれて、それぞれの遊びを十分に楽しめるようにしましょう。

もっと夢中になる！広がる！

ティッシュタワーを作ろう
5枚のティッシュペーパーを組み合わせて、タワーを作ってみましょう。誰が一番高いタワーを作れるか、みんなで競い合うと楽しいです。

| 3歳児 | 形の変化を楽しもう！ | 準備物 ●毛糸（1m程度） |

どんどん変わるKA・TA・CHI

遊び方　毛糸で好きな形を作り、お話を考える

毛糸の両端を結んで輪にしておき、そこから自分がイメージする形を作っていきます。いろいろな形のバリエーションができたら、お話を考えてみましょう。2〜3人組になり、交代して形を作ってみましょう。

あそびのPoint

毛糸を使って子どものいろいろな表現を引き出します。毛糸を折り返したり、ねじったりするなど、新しい表現方法も生まれるかもしれません。子ども一人ひとりの表現を認め、楽しめるようにしましょう。

あそびのPoint

友達の表現を見て、一人ひとりの発想が広がります。

環境Check

いろいろな色や長さ、太さの毛糸を用意すると、子どもの表現が広がります。

もっと夢中になる！ 広がる！

小豆を使って　保育者は小豆を円形に整えておき、そこから子どもは好きな形を作ります。両面テープを貼ったボードや粘着付きのフェルトで上から押さえると、作品ができあがります。また、油粘土を準備しておき、小豆を埋め込んで形を作り、繰り返し遊ぶのも楽しいです。

水　プール　どろんこ　感覚　雨の日

感覚

4歳児 小麦粉粘土のクッキー屋さん

小麦粉の変化がおもしろい！

準備物
- 小麦粉、水、塩少々（防腐剤の代わり）、絵の具（食紅でもOK）、水性のニス

※小麦粉アレルギーのある子どもには配慮しましょう。代用として米粉を使うといいでしょう。

遊び方
小麦粉→小麦粉粘土→クッキー（固形）への変化にふれ、クッキー屋さんを楽しむ

1 まずは小麦粉の感触を楽しみましょう。

あそびのPoint
粉の状態から触れることで、サラサラした小麦粉の感触を楽しめます。

2 保育者が水、または絵の具や食紅を溶いた色水を加え、塩を少々入れて小麦粉粘土を作ります。

あそびのPoint
小麦粉が粘土のように変化していく様子を子どもはじっと観察します。

3 小麦粉粘土をこねて好きな形を作り、オーブンで焼きます。

4 焼きあがったら水性のニスを塗り、長持ちするようにします。クッキー屋さんごっこを楽しみましょう。

環境Check
粉の感触を楽しむとき子どもが粉をたたいて粉が舞わないように注意しましょう。また、作った物を食べてしまわないように、子どもたちとルールを決めてから遊ぶようにします。

もっと夢中になる！ 広がる！

パン粉を使って
小麦粉の代わりにパン粉を使いましょう。小麦粉と違ってザラザラした感覚に子どもは興味・関心を示します。ひと通り楽しんだら、水を加えて粘土状にして遊んでみましょう。

3〜5歳児 カラフルな泡に夢中！ 色付きアワアワ大作戦！

準備物
- ボディペイント絵の具、（市販でも手作り絵の具でもOK）、赤ちゃん用シャボン玉石けん
※手作り絵の具の作り方はP.93を参照してください。

遊び方　絵の具や色付きの泡の感覚を全身で感じる

ボディペイント絵の具を指先、顔、体に塗っていき、決めポーズをしたり、なりたいものに変身して遊びます。ボディペイントを十分に遊んだ後、石けんを混ぜます。色付きの泡ができ、更に盛り上がります。

あそびのPoint

初めは指先でフィンガーペイントを楽しむ程度ですが、少しずつ体に色が付き、色の面積が増えていくと、ダイナミックに塗り始めます。

水／プール／どろんこ／感覚／雨の日

環境Check
不要になった肌着や服、水着（薄い色の水着は色が移るかもしれません）で遊びましょう。

環境Check
プリンカップなどの空き容器をたくさん用意しておきます。子どもの発想や工夫で遊びが広がります。

もっと夢中になる！広がる！

人間スタンプ
ボディペイントを楽しんだ後、大きな模造紙の上に寝転がって人間スタンプを楽しみましょう。

5歳児の なるほど水実験室

子どもが「なるほど！」「おもしろい！」と思う、簡単ですぐできる「水」を使った実験遊びを紹介します。

実験　魔法のたらいに入れると…

水道水を出し、下にたらいを置きます。上から流れ出ている水の中にピンポン球を入れて手を離すとどうなるでしょうか？

ピンポン球が浮き上がろうとする力と、上から落ちてくる水圧の力関係がうまく保てると、ピンポン球は動かずにその場に留まります。

なるほど＊メモ

「わぁっ！　なんでー！？」と感じることができるといいですね。子ども同士の考えなども答えの中に入れると良いです。答えを出すことが目的ではなく、子どもが興味をもつこと、科学の芽を広げることを大切にしましょう。

第5章 雨の日あそび

雨の日あそびの魅力

雨が降るからこそ、植物や動物は育ち、生きていくことができます。子どもは、雨の音や雨量など雨の様子に関心をもったり、雨上がりから時間経過を感じたりします。自然の恵みを感じ、遊びに取り込める保育教材を十分に楽しみましょう。

幼児の育ちと配慮

雨降りの前、降っているとき、雨上がりと、自然現象を時系列に追っていくといいでしょう。その中で子どもの気付きを拾い、子ども同士の言葉のやり取りを援助しながら、遊びを展開していけるといいですね。

乳児の育ちと配慮

雨降りの中よりも、雨を十分に観察できる場所を整えましょう。雨が降っている様子を見て楽しむ、そこから派生する遊びをすぐに取り入れることができるように援助していきましょう。

保育者間の連携 〜安心・安全のために〜

保育の計画を立てる際、天気予報（注意報：大雨・洪水・雷　など）の確認や、園内で活動できる所、危険が伴う所など、職員間での共通理解が必要です。また、園外に出る際、雨で水量が増えている可能性のある所（池、川　など）には十分に注意を払うのも大切です。

雨の日あそび プチシリーズ

ここから始めてみよう♪

雨の日遊びに入る前に、まずは雨に興味をもつきっかけになる、簡単で楽しい「プチ」雨の日遊びを紹介します。

1・2歳児 雨のあとアート

雨降りの後には、水たまりができます。強い風が吹いていると、葉っぱも落ちます。落ち葉を探して、水たまりの上にのせてみましょう。水たまりに水紋ができたり、水に浮かぶ葉っぱが揺れたりします。見慣れた園庭も、雨の後はちょっと違った景色や遊びを楽しめますね。

2歳児 わらべうたで園内散歩

わらべうた『てんてんむし』『どっちんかっちん』『なかなかほい』を歌いながら、園内散歩に出掛けましょう。他のクラスの友達が何をしているのかゆっくり見てみましょう。

※『てんてんむし』：手をつないでゆっくり歩きます。
『どっちんかっちん』：大股歩きをします。
『なかなかほい』：リズムに合わせて歩き、歌詞の「そと」で足をパーに開きます。

2・3歳児 雨あつめ

戸外で、一番雨がたまりそうな場所を予想して、プリンカップなどの空き容器に名前を書いて置いておきます。誰が一番たくさん雨を集められるでしょうか？ 風で飛んでしまうこともあるかもしれませんが、それも気付きにつながります。

[3・4歳児] 水滴キャッチ

カラーのクリアフォルダーの上に半紙を重ね、セロハンテープで固定して「水滴キャッチシート」を作ります。水滴キャッチシートを持って雨の日に外に出てみましょう。半紙に水滴がつくと、下面のクリアフォルダーの色が浮かび、水滴の形が表れます。

[4・5歳児] 水たまりマップを作ろう

園庭の配置図（子どもの手作りでも、保育者が作っても、園にある物でもOK）をコピーして幾つか準備します。雨降りの翌日にできた園庭の水たまりの場所を記録して、集めていきましょう。「大雨の後は水たまりが大きくなっている！」など、変化に気付きます。

[4・5歳児] 雨降り、ルンルン♪

雨が降ると喜ぶものって何でしょう？　生き物、植物、他にはどんなものがあるでしょうか？　子どもに問い掛け、みんなで考えてみましょう。子どもの発言から、絵本や体操、リズム活動など、様々な活動につなげられると良いですね。

[5歳児] どうして、雨が降る？

なぜ、雨が降るのでしょう？『どうして あめが ふらないの？』（ひかりのくに）や『空の絵本』（講談社）などの絵本や図鑑などを、保育室の子どもの目の届く所にいつも置いておきましょう。また、雨に関する不思議について考える機会をつくるといいですね。

雨の日

0歳児 — 雨ってなんだろう？
あめさん、こんにちは！

準備物：なし

遊び方　雨が降る様子を見たり、雨に触れたりする

保育者が子どもを抱っこして、「雨が降っているね」とことばがけしながら、ぬれない場所で雨が降る様子を見てみましょう。少し雨に触れてみて、「冷たいね」「ぬれちゃったね」と、一緒に雨を感じる体験をします。

あそびのPoint
雨が降る様子を見たり、雨に触れたりする中で、雨がどのようなものかを体感していきます。

環境Check
ガラスに雨が当たる様子や雨が降って水たまりになっていく様子、軒先から落ちてくる大きな雨粒など、いろいろな雨の様子に気付けるように、場所や視点を変えて見てみると楽しいです。

もっと夢中になる！ 広がる！

雨上がりも楽しい
雨上がりには、葉っぱに付いた雨粒に触れたり、葉っぱを揺らして雨粒を流したりするなど、興味・関心を少しずつ掘り下げていきましょう。

1・2歳児 — 振ると色付く不思議なボトル
フリフリ色水

準備物
- ペットボトル、絵の具
※ボトルキャップの内側に絵の具を付けておき、ペットボトルに水を入れボトルキャップをしっかりと閉めておきます。

遊び方　振ると色水になる不思議を楽しむ

ペットボトルを上下に振ると、だんだんと水に色が広がります。

あそびのPoint
ペットボトルを振っては見つめ…色が広がる不思議や、きれいな色合いに関心をもって遊びます。

環境Check
始めはパステル調の絵の具を使うと色合いがきれいです。また、絵の具は数色準備しておき、子どもが自分の発想で色を混ぜて遊びを深められるようにしましょう。

もっと夢中になる！ 広がる！

植物を使って色水を作ろう（P.111参照）
絵の具の色水作りを十分に楽しんだら、植物をすり潰して色水を作ってみましょう。絵の具との色や濃さの違いなど、新しい発見に出会います。

1・2歳児 あまつぶポッちゃん
雨粒さんいらっしゃい！

準備物：空き缶、ポリ袋、ラップ、アルミホイル、クッキングシート、クラフトテープ

遊び方　雨粒を空き缶に当てて音を楽しむ

逆さにした空き缶や、空き缶の口にポリ袋やラップ、アルミホイル、クッキングシートをしっかり張って付けた物を地面に置き、クラフトテープで固定します。軒下などから落ちてくる雨粒が当たって音が出ます。雨粒が落ちてくる様子を見たり、音に耳を澄ませてみましょう。

あそびのPoint

雨に興味・関心をもって、子どもが感じたり、見て気付いたりすることを展開していくことが大切です。

環境Check

いろいろな大きさの缶を準備したり、空き缶に水を入れて缶の中の空間を狭めたりすると、様々な音が出て楽しめるでしょう。子どもの気付きを促します。

もっと夢中になる！広がる！

お部屋であまつぶポッちゃん

バケツの口に布テープを貼り、太鼓のようにします。その上に玉入れの玉を上から落として遊びます。落ちたときの音や、ポンとはじいて落ちる様子などを楽しみましょう。

2・3歳児 雨の日シャボン玉
割れないシャボン玉にびっくり！

準備物：シャボン玉液、容器、ストロー、ハンガー、タオル、輪ゴム、金じゃくし、たらい
〈作り方〉［巨大シャボン玉作りの道具］
ハンガーを丸く広げ、帯状のタオルをねじって巻き付け、端を輪ゴムで留める。

遊び方　雨の日のシャボン玉を体験する

雨の日に吹くシャボン玉は、晴れの日よりも割れにくく、長く漂います。不思議なシャボン玉を体験しましょう。

あそびのPoint

ぬれている遊具などにシャボン玉がくっ付くと割れないことがあります。晴れの日とは違う不思議な体験に子どもが「なぜ？」と感じ、興味・関心がもてるようにしましょう。

環境Check

年齢に応じて道具を変えましょう。2歳児がストローを使うときは、まずはストローを吹くことができるか確認し、ストローの先近くに穴をあけておくと誤飲を防げます。

もっと夢中になる！広がる！

巨大シャボン玉

台所用合成洗剤、PVA表示のある合成洗濯のり、グリセリン、水を1：1：0.5：8の割合で混ぜて作ったシャボン玉液で、巨大シャボン玉を作れます。
※遊び終わったらよく手を洗いましょう。

雨の日

2歳児 🙂 新聞紙で遊ぼう

新聞紙ビリビリてるてる坊主

準備物：新聞紙、ポリ袋、油性フェルトペン、丸シール、色画用紙

遊び方 新聞紙を破る遊びをした後、てるてる坊主を作る

1 新聞紙をビリビリにして遊びます。

あそびのPoint
指先を使って破っていきます。おもしろい形に破る子どもや、全身を使ってダイナミックに破る子どもなど、個性が見られます。保育者が新聞紙を広げて持ち、子どもが手でチョップをして破るのも楽しいです。

2 破った新聞紙を高く舞い上げ、「雨さん、ザアーザアー」と雨を表現して遊びましょう。十分に遊んだら、破った新聞紙をポリ袋に詰めて、一人ひとりのてるてる坊主を作ります。油性フェルトペンや丸シール、色画用紙を使って、目や口を作るといいですね。

環境Check 新聞紙を破りにくそうにしている子どもには、少しだけ破った物を渡してみましょう。子どもの姿を見て、一人ひとりが楽しめるように援助します。

3 てるてる坊主を飾り、「明日は晴れますように」という願いを込めて、『てるてる坊主』を歌いましょう。

もっと夢中になる！ 広がる！

巨大てるてる坊主
大きなゴミ袋を使えば、巨大なてるてる坊主も作れます。

※『てるてる坊主』（作詞／浅原鏡村　作曲／中山晋平）

2・3歳児

雨上がりに色水ができた！

色いろハカセ

準備物:砂場用のバケツ、水が少なめの絵の具

遊び方 絵の具を塗ったバケツを雨の日に戸外に置き、雨上がりに色を楽しむ

1 バケツの内側面に、水が少なめの絵の具を数色塗りたくって遊びます。

あそびのPoint
まずは、絵の具に触れる、塗りたくるなどの遊びを楽しみましょう。雨が降って様々な色の水たまりができるのを見て、色が混ざったときの変化に気付きます。

環境Check 絵の具を数色混ぜるとどのようになるのか、暖色系、寒色系などを準備してみましょう。

2 戸外にバケツを置きます。

3 雨上がりに見ると、いろいろな色の水たまりができています。どんな色になっているのか、みんなで見てみましょう。

✦ もっと夢中になる！広がる！ ✦

ごっこ遊びにつなげて

カラフルな水たまりの水を使ってジュース屋さんごっこをしたり、筆を使って段ボール箱などに色を塗ってペンキ屋さんごっこをしたりするなど、色水遊びに発展すると楽しいです。

水　プール　どろんこ　感覚　雨の日

 雨の日

2・3歳児
滴の流れを追ってみよう
あめさんシュシュシュッ

準備物
- 霧吹き、水
※水を準備するときは、たらいに入れておいたり、水道水を使ったりするなど、保育のねらいで変えてもいいでしょう。

遊び方　窓ガラスに付いた滴が流れていくのを見たり、指でなぞったりする

霧吹きで窓ガラスに水を吹き掛けます。自然の雨と同じように滴が流れたり細かな滴が付いたりするのを、目で追ったり指をガラスに当ててなぞったりして楽しみましょう。雨の日には、雨粒で同じように遊んでみましょう。

あそびのPoint
連続で噴射せずに、一度吹き掛けて滴の様子を見てみましょう。「この滴はどこに行くのかな？」と流れる様子をじっと見つめます。

環境Check
霧吹きで噴霧できる場所をあらかじめ探しておきましょう。霧吹きは、二人で1つにしておくなど、人数を見て準備しましょう。

あそびのPoint
保育者は見守りながら次の手立てを考えます。例えば、次は水を吹き掛けると染み込んでいく場所にするなど、子どもの姿を見て興味をもっているポイントを理解し、遊びが継続していくようにしましょう。

もっと夢中になる！ 広がる！

カラフル滴を作ろう
食紅を入れて、カラフルな滴を作ってみましょう。「カラフルな滴が窓ガラスにくっ付くとどうなるかな？」など、子どもがもっと夢中になるようなことばがけをしていきましょう。

3歳児
カラフルきれい！
ぼくの・わたしの透明アンブレラ

準備物
- ビニール傘、油性フェルトペン、カラーセロハン、セロハンテープ
※一人1本の傘を準備することが難しい場合は、傘の一面分を一人分にしましょう。

遊び方　ビニール傘に装飾をして、お気に入りの傘を作る

ビニール傘に油性フェルトペンで絵を描いたり、カラーセロハンをセロハンテープで貼ったりして、自分好みの傘を作ります。

あそびのPoint
作っている最中に傘を差してみましょう。外から塗った色が、中から見るとどのように見えるかが分かります。納得いくまで色塗りをしましょう。

環境Check
傘の先端に注意をして遊びましょう。また、油性フェルトペンやカラーセロハンは様々な色を準備しておきましょう。子どもが好きな色を選ぶことができ、カラフルな仕上がりになります。

もっと夢中になる！ 広がる！

晴れた日も
雨の日に使うのも楽しいですが、晴れた日に自分の傘を持って差してみましょう。太陽の光がカラフルな傘を通ってとてもきれいです。

3・4歳児 自然の色水あそび
自然物の色を楽しもう！

準備物: 包丁（子ども用）、身近な植物（夏野菜、花 など）、すりこぎ、すり鉢、ペットボトル、水

遊び方　植物を使って色水を作る
身近な花や植物、夏野菜を切ってすりこぎなどですり潰し、水と一緒にペットボトルに入れて振ってみましょう。

環境Check
夏野菜や植物は、クラスで栽培した物を使って遊ぶのがいいでしょう。夏野菜や植物などの絵本や図鑑を保育室に準備しておくと、子どもが好奇心や探究心を深められます。

あそびのPoint
野菜によっては、色の濃淡が生じます。子どもの気付きを大切にし、遊びの展開へとつなげられるように、援助していきましょう。

環境Check
すりこぎ、包丁（子ども用）を使う際、安全管理を十分にしましょう。

水・プール・どろんこ・感覚・雨の日

もっと夢中になる！ 広がる！

オリジナルジュースを作ろう
いろいろなにおいや色の色水を混ぜてオリジナルジュースを作ってみましょう。野菜の葉っぱをすり潰すとにおいがしてきます。

あっという間にランタン
2つの台の間に懐中電灯を立てて固定し、その上に色水の入ったペットボトルを置きます。懐中電灯の光が色水を通り、ランタンのように明るい色になります。お泊まり保育やキャンプごっこでも楽しめます。

きらきらステンドグラス
染め紙遊びをした紙を窓に貼り、ステンドグラスに。窓越しの明るさと染め紙を通した明るさとの違いに気付けるといいですね。
※まずは保育者が準備した色水で染め紙をし、その後、自分で作った色水で遊びます。

 雨の日

3・4歳児 水たまりであめんぼ渡り
ドキドキ、そーっと

準備物
- プラスチック製の植木鉢の受け皿（直径15cm、丈夫で軽い物が良い）

遊び方 水たまりに置いた植木鉢の上を歩いて渡る

水たまりの上に植木鉢の受け皿をひっくり返して幾つか置きます。水たまりに落ちないように、受け皿の上をそっとゆっくりと渡りましょう。

あそびのPoint
水たまりに「おちちゃうかも…」「このくらいならいけるかな？」と自分で考えながら、挑戦する姿が見られます。

環境Check
靴下や靴がぬれてしまうかもしれません。どのような遊びをするかを保護者に伝え、汚れてもよい靴、靴下、服などの準備を、あらかじめ知らせましょう。

もっと夢中になる！広がる！

水たまりをつなげてみよう

2つの水たまりの間を熊手やスコップで掘って水たまりをつなげ、片方の水たまりに水が移動するか試してみましょう。掘るとどちらの方向に流れていくのか、水の流れが止まったらどうすれば流れていくのかなどと考えながら、工夫をしてみましょう。

3・4歳児　水たまり長靴サーキット

ひと工夫で水たまりがサーキットに！

準備物: 個人持ちの長靴、ライン引き

遊び方　水たまりを線でつないでサーキットを作る

水たまりと水たまりの間をライン引きで線を引いてつなげます。スタートから進んでいき、ジャンプしたりまたいだり水たまりの間をジグザグに歩いたりして進みます。スタート位置に戻ってきたら、繰り返し遊びます。

あそびのPoint

長靴を履いて動いたときのふだんとは違う足取りを楽しみましょう。ジャンプしたときに水をはじいたり、どろんこに足を取られたりするのが楽しいです。体のバランスを取りながら遊びます。

環境Check

服にどろんこが跳ねることもあります。遊び終えたら着替えたり、シャワーを浴びたりするなど、清潔に気持ち良く過ごせるように配慮しましょう。

もっと夢中になる！広がる！
変化する水たまりを楽しんで

水たまりは同じ所にできることが多いですが、雨が降り続くと大きさが変化し、コースも変わってきます。そのような変化に楽しさを感じて取り組むことが、子どもの期待感ややる気を促します。

4・5歳児　氷ホッケー

机の上を氷がスイ～

準備物: 机、氷、かまぼこ板、布テープ、机を拭く物
※氷が溶けてきたときは、机を拭きましょう。

遊び方　かまぼこ板を使って、机の上で氷のホッケーをする

机を挟んで二人で向かい合わせになります。机の上に氷を滑らせ、かまぼこ板を持って氷を打ち合います。何回打ち合えるか数えてみましょう。

あそびのPoint

氷をどれくらいの力で打てばよいのか、力加減を調整しながら遊ぶのが楽しいです。

環境Check

机の縁に布テープを貼っておくと、氷が左右に落ちにくくなります。まずは布テープを貼った机で始めてみましょう。

もっと夢中になる！広がる！
氷の大きさや形を変えてみよう

氷が大きくなると打ち合いがしやすくなります。いろいろな形の氷を作って遊ぶのも楽しいです。

水・プール・どろんこ・感覚・雨の日

 雨の日

 4・5歳児 イメージを膨らませよう

雨の日ファッションショー

準備物：新聞紙、広告紙、油性フェルトペン、装飾できる素材（カラークラフトテープ、マスキングテープ、丸シール　など）、着なくなった服（ほどいてもいい物）

 遊び方 新聞紙で、かわいい＆かっこいい服を作る

1

始めに、服の種類や好きな服について、みんなで話し合ってみましょう。かわいい服、かっこいい服、着物のような服、お姫様のようなドレス、王子様のような服など、一人ひとりのイメージする服を画用紙に描き出してみます。

 **あそびのPoint**

服がどのように作られているのかを実際に目にすることで、服に対する思いが深まったり、どのように作られているのか興味・関心をもったりします。

2

着なくなった服をほどき、服の形について調べてみましょう。

3

あそびのPoint

みんなで話し合う中で自分が作りたい服のイメージが広がります。そこから、自分で飾り付けを考えて作っていく中で、より一層自分の作った物を意識するようになります。

新聞紙に穴をあけて、お気に入りのポンチョを作ってみましょう。

環境Check　子どもが自分のイメージを形にできるように、飾り付けができる素材をたくさん準備しておきます。

◆もっと夢中になる！広がる！◆

好きな服を作ってみよう

レースペーパーでスカートのフリルを作ったり、肩の部分に厚紙を入れてパットにしたり、色画用紙などで帽子を作ったりと、一人ひとりの発想が広がるように援助しましょう。

4・5歳児 これでぬれない☆マイかっぱ

雨の日がもっと楽しくなる！

準備物
- ポリ袋（45ℓ以上の大きな物）、セロハンテープ、装飾できる素材（油性フェルトペン、ビニールテープ、マスキングテープなど）

遊び方　雨にぬれないように工夫しながらかっぱを作る

ポリ袋を切ったり貼ったりして、かっぱを作ります。自分好みに装飾をして、お気に入りのかっぱができたらお散歩に出掛けましょう。

あそびのPoint

「どうしたらぬれないかな？」と考えたり、自分好みに表現したりすることが楽しいです。「お気に入りのぬれないかっぱ」でお散歩に出掛ければ、雨の日がもっと楽しくなります。保育者は子どもの思いや考えに対して丁寧に応えていきましょう。

子どもの製作

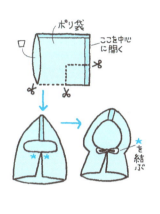

環境Check

保育者が作ったかっぱを見本として置いておき、子どもがそれを見て、ポリ袋の切る場所やテープで補強するところが分かるようにしておきます。クラスの子どもの様子を見て、あらかじめ切っておいてもいいでしょう。

✨もっと夢中になる！広がる！✨

かっぱを着てお出掛け

自分で作ったかっぱを着て、戸外に出てみましょう。雨でぬれてしまうところもあるかもしれません。それは修正できるチャンスです。次のかっぱはもっと丈夫になるように作ってみましょう。

水・プール・どろんこ・感覚・雨の日

 雨の日

 4・5歳児

😊 こんな所に雨粒発見！

あまつぶ集め大作戦

| 準備物 | ●スポンジ、ペットボトル2本
〈作り方〉[じょうご付きペットボトル]
①ペットボトルの上部1/3を切り取り、切り口にビニールテープを貼る。
②もう1本のペットボトルの口部分とつなげ、ビニールテープで固定する。 |

💧 **遊び方** 雨上がりの日に見つけた雨粒をスポンジで吸収する

スポンジを持ち、雨上がりの園庭に出て雨粒を集めてみましょう。固定遊具、水たまり、葉っぱの上など、辺りを見渡して雨水を探します。吸い取った雨粒は、じょうご付きペットボトルに入れてためていきましょう。

あそびのPoint

雨粒がどこにどのようにくっ付いているのかを知り、子どもは不思議やおもしろさを感じていきます。ただ集める遊びをするのではなく、子ども一人ひとりの雨に対する思いや感じ方の違い、心の動きを大切にしましょう。

環境Check

小雨ではどうか、大雨ではどのようになるのか、クラスで話し合いながら探すのもいいでしょう。グループで集めるのも楽しいです。その際は、ペットボトルはグループに1本ずつ、スポンジは一人1つ準備しましょう。

◆もっと夢中になる！広がる！◆

水をきれいにしてみよう

「まか不思議ボトル」(P.84)を応用して、集めた水をきれいにしてみましょう。

3〜5歳児

☔ 雨の日のすてきな発見！

雨の日スペシャル探検隊

準備物
- 個人持ちのかっぱ・長靴・傘

遊び方　小雨や雨上がりのときに、園庭や近くの公園を散歩する

自分の持ち物を自分で準備しましょう。かっぱを着て、長靴を履いて、傘を差してと、いつもとは違うお散歩に出掛けるだけでドキドキします。

あそびのPoint

子どもの気付きを大切に拾っていくと、雨降りは嫌だという気持ちから、雨降りも楽しいね！　と気持ちの変化を感じることでしょう。

環境Check

事前準備、持ち物に名前を書くなど、段取り良くできるよう十分に配慮しましょう。

あそびのPoint　3歳児

園生活で雨の日に戸外に出るのが初めての子どももいます。ドキドキが楽しい気持ちになるように、「雨の日には何がいるかな？」「雨粒、見られるかな？」など、興味がもてることばがけが必要です。

あそびのPoint　4歳児

アジサイ、カタツムリ、雨のにおい、雨の音など、この季節ならではの発見を楽しみましょう。

あそびのPoint　5歳児

水位の違いなど、雨の日ならではの発見を発表し合える場をつくってみましょう。一人ひとりの雨の日に対する思いや発見が見えてきます。

環境Check

天気予報を確認して雷注意報、大雨注意報などが出ているときは控えるようにしましょう。また、園庭の環境について考えるきっかけとしてみましょう。

もっと夢中になる！広がる！

晴れの日との違いを見つけよう

園の周辺地図や園庭の配置図を作り、子どもの発見を共有できるようにしましょう。用水路などの水が多くなっていたり、流れが速くなっていたり、魚が泳いでいたりするかもしれません。いつも遊んでいる場所が、雨が降るとどうなるのか、いろいろな違いを見つけることが大切です。

造形活動につなげよう

雨降り散歩を経験したら、歌、クレパス画、絵の具遊びなどにつなげられるといいですね。子どもの姿を見守りながらしぜんと広がるように準備しましょう。

水・プール・どろんこ・感覚・雨の日

雨の日

4・5歳児
プチプチシートがあふれる〜！
あめふりプチプチ

準備物：プチプチシート、CDまたは厚紙、雨水をためる物（たらい、バケツ　など）

遊び方
丸いプチプチシートをたらいに入れ、雨が降ればどうなるのか予想する

①CDや厚紙を型にして、プチプチシートに油性フェルトペンで円を描いて切り取ります。たくさん作りましょう。
②雨がたくさん降りそうな場所にたらいを置き、①を重ならないように入れます。雨降りが予想される前に準備しておくことが大切です。
③雨降りの後、どのようになっているか確認してみましょう。

あそびのPoint
雨がどれだけ降ったのか、子ども同士で話し合ってみましょう。プチプチシートが外に出ているとたくさん降った証拠です。また、たらいにプチプチシートを入れたり場所を探したりするときは、グループ活動がお勧めです。子ども同士で言葉のやり取りをして遊びを進めてみましょう。

環境Check
CDや厚紙の他に丸型の物はないか、子どもたちと話し合ってもいいでしょう。園内だけでなく家に帰っても遊びを続け、次の日にまた遊ぶというように、遊びを継続していけるといいですね。

もっと夢中になる！広がる！
自分で大きさを考えて切り取る

プリンカップやペットボトルの上部を切った物などを準備して、その中に入る大きさのプチプチシートを1枚切り、雨水がたまる場所を見つけて置いてみましょう。自分でどのくらいの大きさが良いのかを知って切り取ることが学びになります。

5歳児
恵みの雨を再利用
あまみずエコあそび

準備物：牛乳パック、布テープ、雨どいを置く台、たらい
〈作り方〉[牛乳パックの雨どい]
牛乳パックの口と底、側面を一面切り取り、布テープでつなげます。

遊び方
雨どいを使って雨水をため、ためた水で遊ぶ

軒下や屋根の下にたらいを置き、牛乳パックの雨どいを戸外に置きます。雨が降ると雨どいを流れてたらいに水がたまります。たまった雨水を使って遊びにつなげましょう。

あそびのPoint
ためた雨水を使って遊びを展開・継続させていくことはエコになります。まずはためることを楽しんだ後、その水で花の水やりや打ち水をして、恵みの水を再利用します。

環境Check
水は消毒殺菌をしていません。こまめに衛生面を確認しましょう。

もっと夢中になる！広がる！
科学的な遊びにつなげて

雨どいに発泡スチロールを切った物を置いておくと、雨で流れてたらいに入る科学的な遊びに発展します。

5歳児の なるほど水実験室

子どもが「なるほど！」「おもしろい！」と思う、簡単ですぐできる「水」を使った実験遊びを紹介します。

実験 こぼれない水

コップに満杯の水が入っています。どうすれば、水をこぼさずにコップをひっくり返すことができるでしょうか？

下敷きをコップにかぶせてひっくり返すと、コップの中の水圧より、下敷きを下から上に押し上げる大気圧のほうが強いので、水はこぼれません。

なるほど*メモ

保育者を見て、子どももやってみようとします。できるかできないかではなく、遊びとして自発的にやってみようという気持ちが大切です。科学遊びを通して、子どもの心は様々な方向へと成長します。

監修・執筆者

小倉　和人（おぐら　かずひと）

KOBEこどものあそび研究所　所長
こどものあそび作家

神戸・明石などの保育園を中心に計4ヶ所、17年間の勤務経験がある。
その後、子どもの遊びと育ちを考える、KOBEこどものあそび研究所を立ち上げる。
乳幼児の運動遊び、親子遊びやパパと子どもだけで遊ぶ父親の子育て支援など、楽しいイベント・研修会などを数多く行なっている。また、乳幼児の遊びの中で身近な物を使って取り組むことにも力を入れ、製作遊びを保育雑誌などに執筆している。
著書に『0・1・2　3・4・5歳児の　たっぷりあそべる手作りおもちゃ』『0～5歳児　ごっこあそびアイディアBOOK』（全てひかりのくに）などがある。

執筆者

中重　直俊（なかしげ　なおとし）

千里金蘭大学　准教授
KOBEこどものあそび研究所　副所長

姫路市の津田このみ保育園で保育士・保育教諭として14年間の勤務経験がある。
その後、大学院で保育・幼児教育について学び直し、現在は保育者の養成に尽力している。
子どもの遊び、玩具、学びの芽生えを育む環境などをテーマに研究をしている。

STAFF

- 本文イラスト／北村友紀、常永美弥、中小路ムツヨ、
野田節美、みやれいこ、
やまざきかおり（50音順）
- 本文デザイン／はやはらよしろう（Office 446）
- 大扉デザイン／大薮胤美（フレーズ）
- 企画・編集／三宅 幸、井家上 萌、花房 陽、北山文雄
- 校正／株式会社文字工房燦光

本書のコピー、スキャン、デジタル化等の無断複製は著作権法上での例外を除き禁じられています。
本書を代行業者等の第三者に依頼してスキャンやデジタル化することは、たとえ個人や家庭内の利用であっても著作権法上認められておりません。

0～5歳児　夢中がギュッ！
夏のあそびコレクション★

2019年5月　初版発行
2023年5月　第3版発行

監修・執筆者　小倉和人
執筆者　中重直俊
発行人　岡本 功
発行所　ひかりのくに株式会社
　〒543-0001　大阪市天王寺区上本町3-2-14
　TEL06-6768-1155　郵便振替00920-2-118855
　〒175-0082　東京都板橋区高島平6-1-1
　TEL03-3979-3112　郵便振替00150-0-30666
　ホームページアドレス　https://www.hikarinokuni.co.jp
印刷所　大日本印刷株式会社

©2019 Kazuhito Ogura, Naotoshi Nakashige　Printed in Japan
乱丁、落丁はお取り替えいたします。　ISBN978-4-564-60932-9
〈JASRAC　出1902792-303〉
NDC376　120P　26×21cm